もっと知ろう！

国を愛するこころを育む
歴史と文化

逸見 博昌

悠光堂

はじめに

○どんな国でも、普通ならば、国民が自分の国について「国を愛する心・態度」をもっていることは、ごく自然なことではないでしょうか。ところが、現在、我が国では政府（文部科学省）がもっと多くの国民に「国を愛する心・態度」を持つようになってほしいと、令和2年（2020年）4月から、小・中・高等学校で、順次、そのための教育を始めようと準備を進めています。国民の間に「国を愛する心・態度」がまだ十分に備わっていないと考えているからではないでしょうか。

○ところで、最近、内閣府が行った世論調査（「社会意識に関する世論調査」平成29年1月）によりますと、「国を愛する気持ちの程度」が「強い」か「弱い」かという質問に対し、「強い」と答えた人は55・9%で[注1]、逆に「弱い」と回答した人は6・0%[注2]にとどまっていました。

（注1）こう答えた人たちの多くは、自分の生まれ育った郷土や国への素朴な愛着を抱き、

そして、我が国の歴史・文化・伝統等を学んで、国への誇りと、大切にしようという思いをもっている人たちであると思われます。

（注2）こう答えた人たちの多くは、我が国を現在の自由民主主義的資本主義体制から、社会主義ないしは共産主義体制へ変革しなければならないと考えている人たちではないでしょうか。また、日本国民は「世界市民」を目指すべきであると唱えている人たちも、ここに含まれます。

○なお、この調査で注目すべきことは、この質問に対し、「どちらともいえない（わからない）」と答えている人が38・1％もいることです。

こう答えている人たちの中には、過去の行き過ぎた「愛国心」への反省から、政府主導のこの種の調査に危惧を感じている人たち、また、我が国には平和憲法（第9条）があり、特に国を愛する心の教育を行う必要はないと考えている人たちが含まれていると思われます。しかし、その多くは、「国を愛する」という国民一人ひとりにとって極めて自然で大切なテーマについて、学校でしっかり学んでこなかった（30頁参照）ため、国を愛する程度を尋ねられても判断するための知識、情報等が十分ではなく、しかも、このテーマについて、学校卒業後も自分自身でまともに考えてみたこともないという人たちではないでしょうか。

○そこで、今回、政府（文部科学省）としては、学校の児童・生徒に日本の歴史・文化等の特色、その優れたところをしっかり学ばせて、彼らが成人となり「国を愛する気持ちの程度」について質問された際、素直に「強い」ですと答えられる人間に成長することを期待しているのではないでしょうか。

その役割を担われるのは学校の先生方ですが、先生方には子供たちが日本の歴史、文化等を学んで、単にその知識を増やすというだけではなく、その学びを通して日本が好きになり、誇りを持ち、大切にしようと考える心を育てることが期待されているのです。そしてそのためには、先生方自身が日本の歴史、文化等について、子供たちに興味と関心を抱かせるための十分な知識と誇りを持っていることが期待されているのです。

○ところで、私自身は、長い間、国の教育行政に携わってきた中で、日本の歴史、文化そして過去の日本人の人間としての優れた営みなどに興味を持ち、学び続けてきました。そして、この度、令和2年（2020年）の春には、小学校から順次、「国を愛する心・態度」の教育が始まるのを知って、これまで自分が学んできた日本の歴史、文化の中から、例えば恵まれた自然の中で、自然を愛し、自然と共に生きてきた日本人が、遠い昔から受け継ぎ、育んできた「日本の心」の見事さ、また、今からそう遠くない時期に日本人の立派な働きがあって、アジア、アフリカ等の国々が、植民地支配から解放され、また、世界中の人々の人種平等の意識が今日の状況にまで進んできたことなど、私自身が日本そして日本人はすばらしいと特に心を打たれ、誇りに思っている事がらを選び出し、一冊の本にまとめることを思いつきました。

○　これから子供たちの教育の準備に取りかかられる先生方が、この本を読んで日本の「ありのままの歴史・文化のすばらしさ」を知って、今までにない新たな思いと誇りを持っていただき、日本のそして日本人のさまざまな優れたところを、子供たちに自信を持って伝えていただければ、きっと子供たちの心に「国を愛する心・態度」が芽生え、成長していくことは間違いないと確信しています。

「愛国心」との稀有な関係を持った世代の一人として

先の大戦の敗戦日を、私は旧制中学校の一年生として迎えました。したがって、少年時代の前半（6年間）は、小学生として、戦時中の「愛国心」教育（「忠君愛国」すなわち、天皇（国家）のためには、身命を惜しまないという精神）を身にいっぱい受けて育ちました。

逆に、少年時代の後半（6年間）は、中・高校生として、米軍占領下の教育を受け、「愛国心」が否定されるどころか、国への誇りと信頼感を失わせようとする教育を受けることになったのです（30頁参照）。

こういった誠に得難い経験を生かして、私は、子どもたちに「国を愛する心・態度」を身につけさせるには、先生方がどのような姿勢でのぞみ、具体的にどのようなことを学ばせていただくことが大切であるかについて、ぜひ語りたいと思いました。

目次

本論—

本論―二

はじめに

序論

「愛国心」とはどのようなものであったか
―「愛国心」という言葉の歩みを中心に―

1 「愛国心」という言葉は、いつ、どのように生まれたのか

欧米列強によるアジア諸国の植民地化が進み、あるいは模索されていたさ中の1868年、明治政府は近代国家としての活動を開始したのです。極めて緊張した国際環境の中で、我が国が独立を守りながら欧米列強に伍していくためには、何をおいても、速やかに彼らに武力で対抗できるような強い国になるほか選択肢はなかったのです。そこで、欧米諸国のあり方を見倣い、その仲間入りをしようと「脱亜入欧」のスローガンを掲げ、国を挙げて「富国強兵」、「殖産興業」に全力を集中したのです。

その際、欧米諸国はどの国でも、個人の権利意識が大変強い中でも、「patriotism」あるいはそれに相当する言葉を持っていて、国民がその言葉の意味するとおり、自分の国を愛し、誇りにしていることを、当時の政府の要人たちは、自分たちの目と耳で、しっ

かり確かめていたのです。そこで、我が国でも「patriotism」に相当する言葉がつくり始められたといわれています。

こうして、日本でも明治7年頃までには「愛国」という言葉が一般の人々に使われる言葉として新しく生まれ、(注1)早速、さまざまなところで使い始められたのです。(注2)

（注1）近年、「日本書紀」（720年）の中で、持統天皇（第41代）が、「白村江の戦い」（663年）で唐に捕われていたある兵士の「我が国を思う心の深さ」に感激され、帰国した彼に賜った「勅語」において、すでに「愛国」という言葉を用いられていたことが明らかになっています（中西輝政著『日本がもっと賢い国になるために』（海竜社））。

（注2）例えば板垣退助は、早々と明治7年「愛国公党」を結成しましたが、明治8年には立志社を中心として、我が国最初の全国的政党として「愛国社」を結成しています。

このように、江戸時代までの我が国の一般の文献には、当然、「愛国」という言葉は見当たりません。また、中国本来の漢語にも、「patriotism」に相当する言葉としての「愛国」は見当たらないのです。すなわち、「愛国」という言葉は、「patriotism」の訳語（あるいはそれに相当する言葉）として、明治初期の日本人によって創作されたといってよいもので、その意味では、これは本来の和語でも漢語でもないのです。

そして、中国語の辞書に「愛国」の訳語が出始めたのは、1890年代に入ってからといわれており、したがって、この言葉は、日本人によって創作されてから、およそ20年近く経って中国人に受け入れられたという珍しい来歴を持っているのです。

2 法令上「愛国心」はどのように取り扱われてきたか

前述したような経緯によってつくられた「愛国心」という言葉は、国民一般に適用される法律で定められていたわけではありません。後に詳述するように、「愛国心」という言葉に相当する意味（内容）を含む「国……を愛する……態度」という言葉が、平成18年に改正された教育基本法で「教育目標」の一つとして明文化されました。法律上、「愛国心」あるいはそれに代わる（あるいは、それに相当する）言葉が使用されたのは、戦前、戦後を通じてこれが初めてのことなのです。

その理由は、「大日本帝国憲法」の下においても、法律は人の「行為」を規律するもの（そして強制力を有するもの）であって、人の「精神」を律するものではないと考えられていたからであるといわれています。（注）

（注）現在でも、一般的には、教育に関する法律で、子供たちは「何々をしてはいけない」と定める（守らない場合は、罰則をもって実行を確保する）のはよいのですが、「何々をしなさい」と定めても実行はあまり期待できない。したがって、法律は教育の理念（人間の精神に係わるもの）を定める際には、「目標」として掲げるだけで十分ではないかと考えられているのです。

なお、「愛国」の言葉が、国の公文書の上で見出せるのは、明治14年（1881年）に文部大臣から小学校教員に示された「小学校教員心得」（文部省達第19号）が最初です。これはいわゆる「通達」と呼ばれるもので、その前文に「尊王愛国ノ志気ヲ振起シ」とあり、そして、前文の次に、「皇室ニ忠ニシテ国家ヲ愛シ父母ニ孝ニシテ……」と指示されていました。

次いで、明治24年（1891年）に定められた「小学校教則大綱」（文部省令第11号）の第2条には、修身の目標として、「尊王愛国ノ志気ヲ養ハンコトヲ努メ」と規定されていました。そしてその精神は、明治33年（1900年）に定められた「小学校令施行細則」（文部省令第14号）に引き継がれ、その第2条には「忠君愛国ノ志気ヲ養ハンコトヲ務ムヘシ」と規定されていました。

以上のように、「愛国」という言葉は、戦前、戦中においても、広く国民一般に適用される法律に規定されたことはなく、文部大臣が管下の職員と教員に、職務遂行のあり方を示した文部省令と通達の中に見ることができたのです。

3 「愛国心」は、実際にどのように取り扱われてきたか

明治の初めに、「愛国心」という言葉が生まれてから、昭和20年の敗戦に至るまでのおよそ70年間と、敗戦から今日までのおよそ70年間とでは、「愛国心」に向き合う日本国民の姿勢がまるで正反対になったのです。それぞれの時代に一体どんな事態が生じていたのか、具体的に検討します。

(1) 明治初年から昭和20年まで（前半の70数年）

前述したように、厳しい国際情勢の中、国の独立を守るため富国強兵にまい進し、明治の中期以降諸外国と戦った日清戦争、日露戦争から大東亜戦争・太平洋戦争に至るまでの戦争は、他国を侵略（他国の領土に侵入して奪い取る）しようというよりも、他国の領土で戦いつつも広く自存自衛のための戦いとして、常に国民の強い支持を得つつ行われ、しかも最後の戦争を除いては敗戦を知らずに進んできました。そのため、国民の意識や生活が、戦意高揚のための軍部やマスコミからの情報等によって、知らず知らずのうちに軍事色に強く染められていったのです。

なお、明治の前半（15年と23年）に、その後の「愛国心」の理解の仕方に少なからぬ影響を及ぼすことになった二つの詔勅（明治天皇が自らの思いを示された文書）が出されていました。それを順次、手短かに説明します。

① まず、その一つは「軍人勅諭」（明治15年、1882年）です。

この勅諭は、創設されてまだ間もない軍隊の精神的な教育の基礎として使われ、また、次に述べる「教育勅語」のモデルとなったといわれています。この勅諭の中には、「愛国」

という言葉は見当たらないのですが、この勅諭の中の次に引用する文章は、国民が抱く「愛国心」という言葉に含まれるものの厳しさを国民の心に深く刻み込んだのです。

この勅諭には、軍人にとって特に重視される五つの徳目が規定されており、その筆頭にあった「忠節」の中心部分では、次のように説かれていました。

「一、軍人は忠節を尽すを本分とすへし凡《およそ》生を我国に稟《う》くるもの誰かは国に報ゆるの心なかるへき……軍人にして報国（注1）の心堅固ならさるは如何程技芸に熟し学術に長するも猶偶人《なおぐうじん》（注、人形のこと）にひとしかるへし……只々一途に己か本分の忠節を守り義は山嶽よりも重く死は鴻毛《こうもう》（注2）よりも軽しと覚悟せよ（注3）……」

このように、軍人にとっては「忠節」を尽くすことが最も大切なつとめであり、忠節を尽くすことは、国に報いることであるとされ、更に、その国に報いる心が堅くなければ、その軍人は人形同然であること、そして、国のために命を捨てることは、鳥の羽よりも軽いことであると覚悟しなさいと説かれているのです。

すなわち、およそ軍人は、ひたすら自己の忠節を守り、国に報いる心を堅くして、決して死を惜しんではならないこと、これが国を愛すること、すなわち「愛国心」であると教え導こうとしていたのです。（注4）

（注1）戦前・戦中に使われていた「愛国」とその類似語について、それぞれの意義を簡潔に説明します。

「愛国」—自分の国を愛すること。　「憂国」—国家の安危を心配すること。
「救国」—国難を救うこと。　「報国」—国恩に報い、国家のために力を尽くすこと。
「殉国」—国のために命を捨てること。
最も右の二つは、「内心」に、左の三つは「行動」に係わる言葉であると解されます。

（注2）鴻は、「大雁《おおかり》」のこと。「ひしくい」又は「ガチョウ」の別名。

（注3）人の命が鳥の羽毛よりも軽いという感覚は、人の命を軽く扱うことを数百年にわたって続けてきた武士の時代が終わって、漸く10数年経った頃にできた勅諭であり、昔の武士の生き方、死に方についての意識がほとんどそのまま、軍人（新しい武士）に引き継がれていたのではないでしょうか。

（注4）戦時中に国民が抱いた「愛国心」の中身には、前述した（注1）五つの言葉（「愛国」

から「殉国」まで）の意味がすべて含まれており、それほど便利な（包括的な意味を持つ）言葉として使われていたのです。

② いま一つは、あの有名な「教育勅語」（明治23年、1890年）です。

教育勅語は、明治天皇がすべての国民に、国民の道徳教育の基本理念を示されたものですが、この中にも「愛国」という言葉はありません。しかし、文章中国民の立場から「愛国心」とかかわりがあると思われるのは「一旦緩急アレハ義勇公ニ奉シ以テ天壌無窮ノ皇運ヲ扶翼スヘシ」という部分です。

それは「一旦緩急アレハ」ということですから、国に危急が生じたまさかの場合に限られるのですが、その際とるべき行動としては、「万一、危急の大事が起こったならば、大義に基づいて勇気をふるひ一身を捧げて皇室国家のためにつくせ」（聖訓ノ述義ニ関スル協議会報告、昭和15年）と説かれていたのです。

すなわち、すべての国民（軍人を含む。）は、平常時には自分の国を愛し、大切に思う心・態度を持っていることが求められていたのです。そして、例えばいざ外国との戦争になれば、戦地に赴かない一般国民の場合は、それぞれの立場で国家のために力を尽くすことすなわち「報国」の行動が求められ、戦地に赴く軍人の場合は、皇室国家のために勇気を奮って命を捧げること、すなわち「殉国」の行動が求められていると解されていたのです。

(2) 昭和20年から今日まで(後半の70数年)

前述した二つの詔勅のうち、いわゆる軍人勅諭が敗戦と共に失効したのは当然のことです。教育勅語については一定の条件をつけて継続が認められていましたが、昭和23年6月、新憲法下の国会(衆・参両院)において、それぞれ、教育勅語の排除ないし失効確認の決議が行われ、その使命を終えたのです。

① 占領軍(GHQ)の施策と愛国心

GHQ(連合国軍最高司令官総司令部)は、占領後間もなく、通常の占領政策と併行して、WGIP(戦争についての罪悪感を日本人の心に植えつけるための宣伝計画)と呼ばれる日本人の思想の改造を始めたのです。その内容は、まず、日本という国を近現代の歴史上さまざまな悪を重ねてきたと一方的に断罪し、また、戦争犯罪を裁く東京裁判に備えて、戦争の責任は「国家」と「戦争犯罪人」のみにあり、一般の国民はむしろ国家の圧制の被害者であり、戦争の犠牲者であるという考え方が流布されていたのです。更に、戦争中に見せた日本人の「愛国心」の強さに辟易していたこともあって、単に「愛国心」を否定するにとどまらず、その根っこを断つため、国民の国家への誇りと信頼感を失わせようとする目的をもって実施されていたのです。

これらの施策は、当時の日本政府が自らの意思で進めていたかのように取り扱われていましたが、実際は、その内容・方法・時期等を含めて、すべてGHQの指示通りに行われ、また、GHQに都合の悪いことは、すべて検閲によって徹底的に隠匿されていたのです。

しかも、GHQでは、軍国主義の一掃を長期的なものとするため、これらの施策を当時の政界、教育界、マスコミ界、法曹界等の中のいわゆる自由主義勢力（当初は、日本共産党を含む左翼革新勢力を中心）を利用する「民主化政策」として推し進めていたのです。そのため、この施策はその後、政治体制の変革等を目論む勢力とりわけ教育界（当時、組織率90％前後の日教組を中心）とマスコミ界（朝日新聞等）にしっかり受け止められ、中でも日教組は、学校の子供たちに対する教育を通じて、日本国民の健全な「国を愛する心」の形成を、その後長期間にわたって妨げ続けてきたのです。

② 自衛隊創設（昭和29年）下の愛国心

ここでは、現在、我が国を防衛するため、昭和29年に制定された自衛隊法(注)において、自衛隊員がどういう役割を担っているのか、そして国の防衛について、一般国民にはどういう姿勢が期待されているのかについて、現行法令に基づいて説明します。

（注）戦後の我が国には、軍隊がなくなったのですが、昭和25年、朝鮮戦争の勃発とともに、いわゆるポツダム政令（GHQの指示によるもの）により、まず当時の警察力を補うため、「警察予備隊」がつくられました。そして、昭和27年、国内の保安を強化するためこれを改組して「保安隊」が設けられ、そして昭和29年、我が国の安全を保つため、これを改組して「自衛隊」が設けられたのです。

イ　自衛隊員の役割

自衛隊法によって設けられている自衛隊員は、国民の一人として、教育基本法に定められている「国を愛する心・態度」を持つことが求められているのは当然のことです。

その上、自ら志願して「我が国の平和と独立を守り、国の安全を保つため、我が国を防衛することを主たる任務とし」ている自衛隊（自衛隊法第３条　自衛隊の任務）の隊員となったのですから、行動の面においては、「事に臨んでは危険を顧みず、身をもって責務の完遂に努め、もって国民の負託にこたえることを期するものとする」（自衛隊法第52条。服務の本旨）という職責を果たすことが期待されているのです。

言い換えますと、自衛隊の任務を承知の上で志願して自衛隊員となった人たちについては、個人の人権とりわけ人命が最大限尊重されなければならない憲法の下においても、国家に危急の事態が生じた場合、すなわち、侵略者から国の平和と独立を守り、国民の生命・身体の安全と財産を保護する必要が生じた場合には、我が身の危険を顧みず、身をもって（注）責務の遂行に努めることが期待されているのは、やむを得ないことと考えられているのです。

（注）「身をもって」責務の遂行に努めという表現は、前述した「教育勅語」の「一身を捧げて」皇室国家のために尽くすという表現の場合（この場合は、死を覚悟することが予定されています。）とは違って、職責の遂行上死に直面することがあっても、死を覚悟することが当然予定されているわけではないと解してよいのではないでしょうか。

ロ　一般国民に期待されている役割

一般国民については、志願して自衛隊員になっていない限り、国の危急の際であっても、自ら武器を持って戦うことは期待されていないのは当然のことであり、[注]そのかわり、常に、教育基本法にいう「国を愛する心・態度」を持ってさまざまな活動をすることが期待されているのです。したがって、万一、自衛隊が「事に臨んで」いるような事態が生じているときには、一般国民としては、「危険を顧みず、身をもって責務の遂行に努め」ている自衛隊員に、心から感謝の気持ちを持って接することは、当然の姿勢ではないでしょうか。

（注）なお、内閣府が行った世論調査（平成30年1月）で、「外国から侵略された場合」の対

応として、「自衛隊に参加して戦う」と答えた人が5・9%もいることに留意して下さい。

（参考）
「愛国心」の究極の姿と不幸な歴史
―いわゆる「特攻」についての考察を中心に―

先の大戦の末期には、戦況が不利になってきた中、軍備も不足し、若い兵士たちの「精神」を頼りにする「特攻」という戦法が考え出されました。豊富な物量と優秀な兵器を持つ敵軍と普通に立ち向かっては、じり貧のまま負け続けることが見込まれ、これを避けるため、神風特攻隊（海軍）や人間魚雷回天（海軍）等のように、敵の飛行機や艦船等に自ら体当たりする戦法（一人の命で敵の多くの兵士の命と飛行機や艦船を破壊できるほか、敵軍を恐怖に陥れ、戦意をくじくことも期待されていた。）が考案されたのです。それは物量が決定的に不足する中で、戦いの指揮官として、正義をはずれながらも、軍事的合理主義、効率性を徹底した誠に苦衷《くちゅう》の戦法であったのです。

そして、私の家族（長兄は、海軍の特攻隊員としての訓練中に敗戦を迎え、次兄は、海軍少年通信兵として、満17歳で戦死）を含む当時の一般国民は、若い兵士たちの究極の「愛国心」に、深く胸を打たれ（ただし、この戦法を決して正しいこと、あるいは良いことと肯定していたわけではありません。）、心から感謝していたのです。

なお、この戦法は、若い兵士たちの命が前述した軍人勅諭にいう「死は鴻毛《こうもう》よりも軽し」と扱われた典型的な例、あるいは現代の「自爆テロ」と同様のものとして単純に受け取ることは、決して正しい理解の仕方ではありません。

それは、戦いの指揮官（この戦法の考案者）が、追い込まれた戦況の中で、この特攻をあくまでも外道（真理に反した道）と深く自覚しつつ、実行せざるを得なかったこと、そして、残された遺書の中で、この使命を託された若者たちが日本の新生を期待し、その先駆者となるために命を捧げるものと自分の使命を自覚していたこと、しかも、この戦法の責任者が、敗戦の日の翌日（昭和20年8月16日）、次のような遺書を残して自刃されていることからも汲み取れるのではないでしょうか。

「特攻隊の英霊に白《まう》す、善く戦ひたり深謝す、最後の勝利を信じつつ肉体として散華せり、然れどもその信念は遂に達成しえざるにいたれり、吾死を以て旧部下の英霊とその遺族に謝せむとす」

本論―一

教育基本法の改正とそれに関連する事項

1　教育基本法等の改正

はじめに

戦後早々の昭和22年（1947年）、教育基本法は、戦後の我が国の教育の基本を確立するため、6・3制新学校教育制度の発足と同時に、制定、施行されました。その中には、もちろん「愛国心」という文言は、使われていません。しかし、制定当時、この点について質問された高橋誠一郎文部大臣は、教育基本法の第1条は、「教育は人格の完成をめざし……」と定めており、この「人格の完成」は「やがて是が祖国愛に伸び」ていくものと考えているので、教育基本法は決して「愛国心」を否定していない旨の答弁（昭和22年3月20日、第92回帝国議会）をされ、これがその後の文部省（文部科学省）の公定解釈として定着していたのです。

その後、一方では、日教組をはじめ多くのマスコミ等からは「愛国心」は必要なしとの強い主張が続けられる中、他方では、国際情勢の変化に伴い、国の将来の平和と安全を憂える多くの教育関係団体等からは、教育基本法には「愛国心」の趣旨が否定されていないというだけでは不十分であり、せめて徳目としての「愛国心」が明記されるべきではないかなどの主張がくり返し行われていました。

そして、教育基本法の制定から相当の年月が経ち、教育を取り巻く社会状況が大きく変化してきました。とりわけ、21世紀に入って、東アジアの国際情勢が次第に厳しさを増してくる中、教育の基本を定める法律を今のままにしておいて、果たして日本の平和と安全を守るための人材を育てることができるかどうかを危ぶむ声が、現実の問題として高まってきたのです。そこで、将来に向かって新しい時代の教育の基本理念を明確に示すため、平成18年（２００６年）、教育基本法について、「愛国心」をどう取り扱うかの問題も含めて本格的な検討が行われ、制定後初めて60年ぶりの改正が実現したのです。

以下、その改正とそれに関連する他の法令の改正の内容を、手短かに説明します。

(1) 教育基本法の改正

改正後の教育基本法2条は、「教育の目的」(1条)を実現するため、今日及び将来にわたって重要と考えられる具体的な国民の資質として、新たに「教育の目標」が5項目にわたって規定され、その5番目には、次のように定められています。

「伝統と文化を尊重し、それらをはぐくんできた我が国と郷土を愛するとともに、他国を尊重し、国際社会の平和と発展に寄与する態度を養うこと。」

この文章のうち、いわゆる「愛国心」に直接係わる部分だけを取り出しますと、次のとおりです。

「我が国と郷土を愛する……態度(注)を養うこと」

(注) ここで、「心」ではなく「態度」という言葉を使っている理由等については、後述(42頁参照)します。

(2) 学校教育法の改正

前述した教育基本法の改正を受けて、学校教育法の21条(教育の目標)の3号には、その趣旨が次のように定められています。
「我が国と郷土を愛する態度を養う。」

(3) 学習指導要領の改正

教育基本法と学校教育法が前述したように改正された趣旨を受けて、学習指導要領(注)が次のように改正されました。

まず、小学校学習指導要領(特別の教科　道徳)の関係部分を、簡潔に示しますと、次のとおりです。

[伝統と文化の尊重、国や郷土を愛する態度]

(第一学年及び第二学年)

我が国や郷土……に……愛着を持つこと。

(第三学年及び第四学年)

……国や郷土を愛する心を持つこと。

(第五学年及び第六学年)

……国や郷土を愛する心を持つこと。

次に、中学校学習指導要領（特別の教科　道徳）の関係部分を、簡潔に示しますと、次のとおりです。

［郷土の伝統と文化の尊重、郷土を愛する態度］
……郷土を愛し、進んで郷土の発展に努めること。
［我が国の伝統と文化の尊重、国を愛する態度］
……国を愛し、国家及び社会の形成者として、その発展に努めること。

（注）ここで説明している学習指導要領は、平成29年3月31日付で公布され、小学校では令和2年度から、中学校では令和3年度から全国実施されるものを使用しています。

2 「愛国心」という言葉が使われなかった理由《わけ》

教育基本法の改正に当たっては、「教育の目標」の一つとして、それまで各方面から要望の強かった「愛国心」という言葉を使わず、「国……を愛する……態度」という表現が用いられています。しかし、この両者は、短い言葉の中で使われている三つの漢字が、「国」と「愛」と「態度」（「態度」と「心」は通常、一体のものとして扱われると考えられています。）と共通しており、両者は、表現が違っているだけで本来、「国を愛する心・態度」という国民の国に対する心の持ち方（愛）を定めていることに変わりはないと考えてよいのではないでしょうか。

「愛国心」という言葉は、明治初年、国民の国に対する心の持ち方に関する言葉として生まれたのです。しかし、その意味が一義的に定められていなかったこともあって、例えば、先の大戦の末期には、命をかけて国家へ忠誠を尽くす「行動」まで含まれる言葉として理解され、多くの若者がそれに従って命を捧げていたことは前述した（34頁参照）とおりです。

「愛国心」という言葉が、こうした行き過ぎた悲しい歴史を背負っていることから、戦後、この言葉に接する一般国民から強い拒否反応が示されたのは自然の成り行きだったのです。したがって、戦後60年経った平成18年（注）の段階でも、国民の多くが「国を愛する心・態度」の必要性を認めても、政府としては「愛国心」という言葉を使うのは、避けたのではないでしょうか。

（注）その年の5月の内閣府発表の「社会意識に関する世論調査」によりますと、今後国民の間に国を愛するという気持ちをもっと育てる必要があると思うかの問いに、そう思うと考えた人は、全体の約8割（80・4％）に達していたのです。

3 「国を愛する態度」とした理由《わけ》

平成18年に改正された教育基本法では、いわゆる「愛国心」に直接かかわる部分としては、前述したように、「我が国と郷土を愛する……態度を養うこと」と表現されています。ここで「我が国と郷土を愛する」とは、我が国や郷土を愛し、その発展を願い、これに寄与する態度のことであり、我が国と郷土を愛する心と態度は一体のものとして養われるものと考えられているのです。

ただ、教育基本法2条5号では、法文上、「伝統と文化を尊重し、これらをはぐくんできた我が国と郷土を愛する」ことと、「他国を尊重し、国際社会の平和と発展に寄与する」ことの二つの文章が分けて書かれているのですが、この両方の文章を一つにしめくくるための言葉としては、「心を養う」とするよりも、「態度を養う」とした方が適切であると考えられたからであると説明されています。すなわち、「心」ではなく「態度」

でしめくくったのは、深い意味があるわけではなく、文章の流れの中の表現上の問題なのです。

（注）「態度」という言葉の意味は、「心構え」「行動への構え」とされています。すなわち、それは決して「行動」そのものを意味しているわけではありません（この点では「心」と共通しています。）が、単なる「内心」にとどまるのではなく「行動に備える姿勢」を含んだ言葉であると考えられているのです。

いま一つは、学校における児童・生徒の「評価」の問題と関係して、次のような実際上の立場からの説明が行われています。

まず、教師には、児童・生徒が国を愛する心情を持てるようにするため、先人の残したさまざまな立派な文化遺産や偉大な業績等を伝え、これによって、児童・生徒がこれらに関心を持ち、もっと学ぼうとする意識を高め、そして、自分たちも国や社会の発展に努力していこうとする態度を持つようになることが期待されているのです。

そして、前述したように、国を愛する「心」と「態度」は、一体のもの（どう思っているかという「心」が「態度」に出る。）として養われるものであり、両方共大切なのですが、(注)このうち国を愛する「心」そのものは、評価のしようがありません。ところが、前述したような児童・生徒の学習内容に対する心の持ち方は、関心・意識・態度の強弱となって現れ、それは客観的に把握することができることから、教師には、これらを「態度」として総合的に評価することが求められると説明されています。すなわち、「心」でなく「態度」としたのは、「態度」は心と違って、教師による児童・生徒の評価の対象となりうるからなのです。

(注) 国や郷土を愛する「心」そのものではなく、国や郷土を思う「心を持つことの大切さ」を教えることこそ、まさに教師の仕事ではないでしょうか。そして、子供たちによい「心」が生まれ、育てば、よい「態度」が生まれるのは当然のことです。

以上、述べてきた趣旨からいえば、法律の言葉としての適、不適を別にすれば、単純に「国を愛する態度」とするよりも、一般国民が使う場合には、「国を愛する心・態度」とする方がより適切ではないでしょうか。そこで、以下、この本の中では「国を愛する態度」と同じ意味で、「国を愛する心・態度」という表現を使うこととします。

（参考）
―学校教育との関連で―

1　「態度」の評価と「内心の自由」

教育基本法は、我が国や郷土を愛する態度を養うことを「教育の目標」として定めているのであって児童・生徒の内心にまで立ち入って強制しようとするものではありません。そして、児童・生徒の評価は、学習内容に応じて関心・意欲・態度を総合的に評価するなど適切に行うこととされており、内心の自由にかかわって評価されるものではないのです。

なお、教員については、法令等に基づく職務上の責務として、すなわち児童・生徒に対する指導の一環として評価を行うこととされているのであり、その思想・良心の自由を侵害するものではありません。

2 「通知表」で評価する問題

通知表は、学校の設置者又はその管理下の各学校が、その責任において適切に判断して作成されるべき事項であって、どのようなことが記述されるかは、学校にゆだねられているのです。ただし、文部科学省からは、国を愛する心を持っているかどうかを通知表で評価することがあってはいけないという指導が行われています。

(関連)

1 「国」とは何か

○ ここまで、「国」という言葉が度々出てきましたが、一体、「国を愛する心・態度」というう場合の「国」とはどういうものでしょうか。日本国憲法の下での日本国家(ネーション・ステイト)について考えてみます。

古い文化と伝統を誇る我が国の成り立ちから考えてみますと、一定の「領土」の上に、共通の祖先と言語、文化、宗教、伝統、風習などによって、一つの歴史的・文化的なまとまりを持った人間集団としての「日本国民」が居住し、活動を続けています。

他方、憲法によって「主権」を与えられている日本国民は、憲法に基づいて「国の統治機構」（最も広くは、内閣と内閣が統括する中央省庁を含む行政機関の全体すなわち政府）をつくり、これによって日本国民は、一つの「政治的統一体」としてのまとまりをつくっています。すなわち、日本国家（ネーション・ステイト）とは、「歴史的・文化的共同体」（ネーション）と、それと接続

「国家」の構成

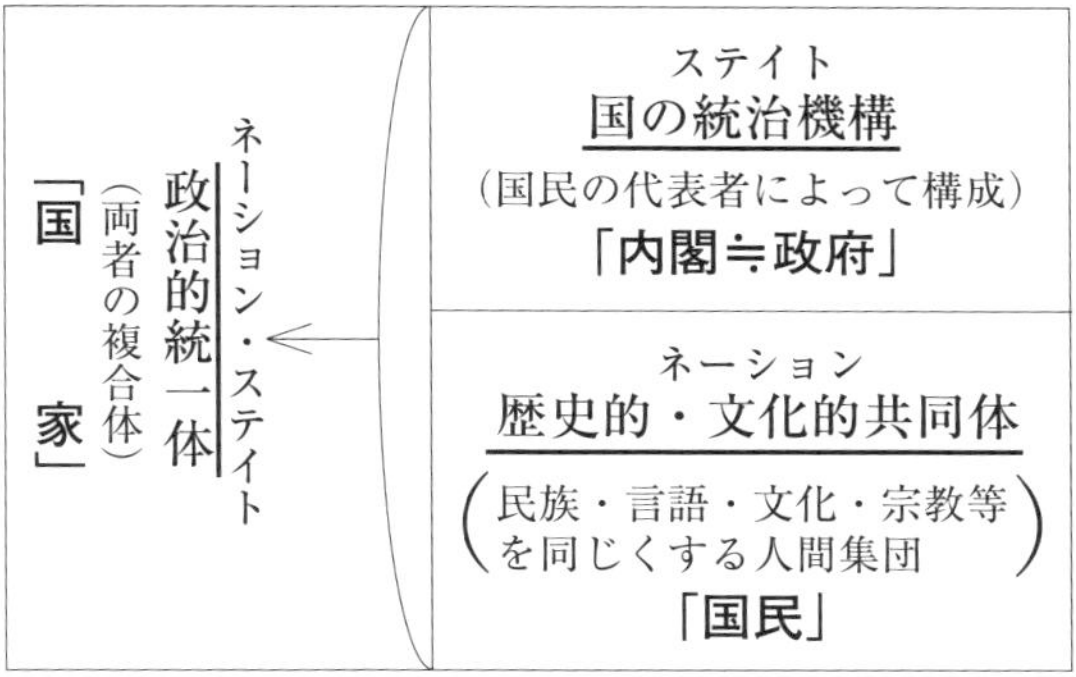

これらは、すべて日本の「領土」の上に成り立っています。

（備考）「国家」を構成する二つの組織のうち、

・まず国の統治機構である「政府」は、特定の政治的思想・立場に沿って行動（権力を行使）し、国民の判断で、いつ交代するか分からない立場であるため、広く国民が、長期的観点に立って愛する対象とするにはなじまないのです。

・これに対して、いにしえから受け継いできた共通の歴史、文化、伝統等によって一つのまとまりを持って活動している「歴史的・文化的共同体」については、広く国民が、長期的観点に立って愛する対象とするにふさわしいものなのです。

している「国の統治機構」（ステイト）との複合体としての一つの「政治的統一体」として存在している（日本の「国民」とその「政府」——この両者を併せたものが日本の「国家」）と考えられているのです（「国家」の構成」については、前頁の表を参考にして下さい。）。

○　ところで、教育基本法2条5号は、その規定の冒頭に、「伝統と文化を尊重し、これらをはぐくんできた我が国……を愛する……」と記述しています。このことは、「国を愛する心・態度」にいう「国」とは前述した「歴史的・文化的共同体」（ネーション）を指していることが明らかであり、「国の統治機構」（ステイト）は含まれてはいないのです。

そして、この「歴史的・文化的共同体」（ネーション）としての国家の主体となっているのは、この国で生まれ、国家の主権者として存在し、活動している日本国民なのです。そして、「国を愛する心・態度」は、こうした日本国民一人ひとりの心の中に生まれ、育まれることが期待されているのです。

2 「国（家）」と「政府」の関係について

国家は、権力の乱用を防ぎ、国民の政治的自由を保障するため、国家の権力を立法（国会）、司法（裁判所）、行政（内閣）の相互に独立する機関に分けて行使することとしています。内閣は、このように三権分立を構成する国家の行政を担当する一つの機関なのです。

こうして、憲法上、国家の行政権は「内閣」に属するとされていますが、行政権は実際には、内閣と内閣が統括する中央省庁を含む行政機関の全体で行使されており、これらは全体として「政府」と呼ばれています。

したがって、国家が国民に対して権力を行使する主体は「政府」であって、「国家」ではありません。すなわち、国家そのものは決して権力を発動することはないのです。(注)

（注）「国家」と「政府」では、概念（意味、内容）のレベルそのものが異なっているのです。ただ、俗に「政府」の政策を「国（家）」の施策と呼び、そして「政府」の気に入らない政策に対して、「国（家）」の施策が悪いと言われるようなことがあります。

ここで、前述した「国家」とは何かのところで説明したことも踏まえてまとめますと、「国を愛する心・態度」を養うということは、要するに、太古の昔から連綿と続いている歴史的・文化的まとまりを持った日本という国、そして、現に自分が生まれ、活動している国を、いつまでも大切にし、愛していこうということであって、選挙の結果によっては、いつでも交替する可能性のある、例えば現在の自由民主党の「政府」(注)を大切にし、愛していこうということでは決してないということを、しっかり心にとどめておいていただきたいのです。

(注) 政府に関して付言しますと、日本の現在の議会制民主主義制度の下では、「政府」は国民のもの(国民が選挙で選んだ衆議院議員が多数を占める政党が内閣をつくる。)ですから、形式的に言えば、権力を行使しているのは国民なのです。したがって、例えば国家が国民と対立し、抑圧しているというような言い方をするのは、自分が投票した政党とは異なる政党が政府をつくっていることは不満であるという党派的、イデオロギー的な意味しか持っていないのです。

3　私たちはなぜ「国を愛する心・態度」が必要なのか

教育基本法は、「教育の目標」の一つとして、「国を愛する心・態度」を養うことを定めています。国民には、なぜ「国を愛する心・態度」を持つことが求められるのでしょうか。

国家が存在するということは、その国家が「独立」した存在であることが前提です。すなわち、国家の最も基本的で重要な役割は、国家の独立と平和を守り、そこに住む国民の生命と財産を守ることなのです。そのための具体策として、国（政府）は現在、外国からの侵略を防ぐため、国家を防衛する実力組織としての自衛隊を備え（それとともに、日米安全保障条約を結んでいます。）ています。

しかし、国（政府）がたとえどのような立派な防衛力を備えていても、国民一人ひとりに「自分たちの国は自分たちで守る」という国防の精神がなければ、国家を守ることはできません。すなわち、国家の独立国としての存在は、国民の「国を守ろうとする精神」と、国（政府）の「国を防衛する力」とが一体となって、初めて確保できるのです。そして、前述したように、先に改正された教育基本法には「教育の目標」の一つとして、「国を愛する心・態度」を養うことが掲げられていますが、この「国を愛する心・態度」には、

「自分たちの国は自分たちで守ろうとする精神」が含まれているのは当然のことです。

なお、ここに述べたことと併せて、私たちは、「国民あっての国家」であると同時に、「国家あっての国民」であることを決して忘れてはいけないのです。すべての国々で、義務教育段階の子供たちに徹底したパトリオティズム（愛国心＝祖国愛）の教育が行われているのはそのためです。


以上の説明では、国民の「国を愛する心・態度」は、戦争のとき、国を守るためだけに必要な働きをするものと受け取られるかもしれません。

しかし、国民の「国を愛する心・態度」は、そもそも、戦争（侵略）を招かないためにも大切な役割を果たしているのです。

すなわち、国民の間に「国を愛する心・態度」がしっかり行きわたり（こういう国では、国の防衛のため相当の実力を備えるのは自然の成り行きです。）、国際的にも各国から信頼され、安定した状態が続いているような国に比べて、国民の間に「国を愛する心・態度」が定まらず、国民の心がバラバラで（こういう国では、国の防衛についても、国民は無関心です。）、国際的にも信頼性に乏しく、安定感に欠ける国が、周辺の諸国からの介入、侵略の対象となってきたことは、近年の歴史が証明しているところです。

4 欧米諸国での「愛国心」の教育について

ここで、「国家が国を愛する心・態度」を備えた国民を育てることについて、欧米諸国では伝統的にどのように考えられてきたのか見ることとします。

近代の欧米諸国では、一方では強固な個人主義の主張を生み出しながら、他方では強い「愛国心」を生み出しています。それは遠く古代のギリシアのポリスやローマ共和国時代からの「共和主義」という伝統が残っているからであるといわれています。

すなわち、「共和国」とは、自由な「市民」で構成された国であり、外国によって支配されることなく、市民が自らの力によって自らの国を守る自立した国であるとされていたのです。そのためには市民は強い「愛国心」を持たなければならず、しかもそれは「自国を大切に思う」というだけでは不十分で、それなりの「武装した力」を持たなければならないとされていたのです。

そして、近代に入ってからも、国家の公的なことがらへの市民参加、つまり民主主義の拡大は、同時にまた、市民による国防の義務をもたらすことになったのです。

「愛国心」を以上のように理解しますと、愛国心は決してすべての人に自然に育つものではありません。しかも愛国心は「法的に強制」されるものではなく、国家にとっては、国民にいわば「自発的な義務」として受け止められるべきものですから、それは「教育」によって涵養（自然に育つように仕向けること）されるほかないと考えられているのです。――この点については、我が国でも同様に理解されることが大切です。

なお、例えばイギリスにおいては、その教育の内容は、歴史の中に堆積されている共通の経験からくる「同朋意識」や民族の「共通の文化や歴史的経験」の中に見出されるとされています。日本も、基本的にはイギリスと同様の立場に立っているといえるのではないでしょうか。

本論──二

「国を愛する心・態度」はどのように育まれるのか

はじめに

子供たちの心に、「国を愛する心」を育むためには、いきなり日本はこんなにすばらしい国だと、関係する知識や情報等を一方的に教え込むだけではむつかしいのではないでしょうか。

最初に取り組むべきことは、一人ひとりの子供たちに、自分が生まれ育った「郷土」や「日本という国」と自分とがどれだけしっかり結ばれて生きているかということを気づかせ、理解させることが大切なのです。

そして、子供たちと郷土や国との間に、こうした基本的な心のつながりがしっかりできた上で、子供たちの年齢、能力や興味等に応じて、私たちの遠い過去の先人たちがつくり、残してくれた日本独特のさまざまな優れた歴史、文化、宗教、伝統等について学ばせ、また、先輩たちのなし遂げた歴史上誇るべき業績等を正しく伝えることが必要なのではないでしょうか。

　こうして、子供たちに日本という国に誇りを持たせ、日本という国を大切にしようという思いを抱かせることによってはじめて、子供たちの心に「国を愛する心・態度」が素直に生まれ、そして、確かなものとして根づくのではないでしょうか。

　以下の第一章の1から3までと、第二章の第一節から第七節までについては、以上に述べたような趣旨を踏まえて読み進めていただくことを期待しています。

第一章「国を愛する心・態度」の基礎となっているものを知る
—恵まれた自然の中で、郷土と国への愛着を抱く—

1　美しく豊かな自然が日本人をつくり育てること

(1) 島国での平穏な生活

日本はアジアの東端にあり、しかもユーラシア大陸（ヨーロッパとアジアの総称）から離れた島国[注1]であるため、地続きの大陸諸国が繰り返し経験してきたような他民族からの圧迫や侵略等を受ける心配はなく、極めて長年月にわたり、平和と安定した生活を保ち続けることができたのです[注2]。

（注1）島国といっても、アジア大陸（とりわけ古代の中国や朝鮮）との交流は、すでに縄文・弥生時代から行われており、その後も先進的な知識や技術等を取り入れるため、盛んに渡航が行われていました。

また、古くから海外（主に朝鮮）からも多くの人々が日本に移住していたことが明らかにされています。

（注2）我が国は、明治以前には、鎌倉時代のいわゆる元寇（153頁参照）以外には、他国との関係で厳しい歴史に遭遇した経験がありません。

そして、島国でほとんど単一民族であることから、日本人は近年になっても（よくも悪くも）外国人を信じやすく、また、話し合いにおいても相手の気持ちを忖度《そんたく》したり、相手を刺激しないかどうか配慮する姿勢を身につけてきたのではないでしょうか。

また、島国のため、多くの人々は、他国の事情を知る機会が少なかったため、見知らぬ他国にあこがれを抱く半面、自国のことはその独自性・卓越性を明確に意識することができないまま、自信や誇りを持てないできたところがあるとも指摘されています。

(2) 豊かな自然と温和な気候風土の中での生活（注）

（注）およそ1万年前（縄文時代初期の頃）、日本列島は大陸から切り離され、また、地球の温暖化に伴い、我が国は現在にほぼ近い国土や気候風土の状況が整い始め、人々の定住生活（縄文時代は狩猟・採集、弥生時代は農耕）が始まったのです。

日本の国土は、緑の木々で覆われた山々に囲まれ、近くの森の中では狩りをしたり、木の実を採集し、川や海では魚を捕え、肥沃な土地では農業が営まれてきました。

そして、大部分の地域の気候は温暖で、しかもモンスーン地帯に属し、雨も水も豊富です。また、時折、地震、台風、津波等に襲われながらも、日本民族は、毎年訪れる四季折々の美しく豊かな自然の風情を楽しみ、それに感謝しながら、遠い昔から大きな変化もなく、数千年を過ごしてきたのです。

(3)「自然と共に生きる」という心情の形成

このような島国での平穏な生活と、世界でも稀な美しく豊かな自然と温和な気候風土の中で、我が民族は、長い年月をかけて自然と調和し、「自然と共に生きる」という心情・生き方を身につけるとともに、万物に神が宿る「自然信仰」（後の神道へ発展）を生み出すなど、自然に対する日本民族の心の基盤をしっかりつくり上げてきたのです。

しかし、それが素直に当てはまるのは、おおむね徳川時代までのことです。それ以後は、国の外部との接触する機会が増加し、その環境条件に適合するため、しだいにあらゆる面で日本人の独自性を保つことが困難となってきました。明治の文明開化や昭和20

年の敗戦に伴うアメリカ軍による占領政策等により、更には、近年の国際化の進展や心より物を大切にする風潮等に伴い、人々の国や社会への向き合い方から、人と人との関係に至るまで、古くからの日本人の心の持ち方は、大きな変化を受けることになったのです。ところが、「自然と共に生きる」という心情は、決して失われなかったのです。

例えば、平成23年3月11日に生じた東日本大震災によって大災害を受けた被災地の人たちが、震災後間もない頃に見せた行動と姿勢は誠に見事なものでした。そこでは、日本民族は「日本の心」（これは、前述した「自然と共に生きる」心情という自然に対する日本民族の心の基盤を中核として形成されたもの（67～68頁、73～75頁参照））をいざという場合にはいつでもしっかり生かすことができることを示したのです。このことを誇らしく思い、次の世代の人たちに是非この「日本の心」をしっかり引き継いでいこうではありませんか。

2　「郷土愛」を大切に育てること
―生まれ育った郷土との心の結びつきを大切にすること―

前述したように、教育基本法2条5号には「我が国と郷土を愛する……態度」と規定されていますが、「郷土を愛する心・態度」すなわち「郷土愛」とはどういうものなのか、そしてそれと「国を愛する心・態度」を育むこととはどう結びつくのでしょうか。

私たちは、誰もが「日本人」として「日本という国」で生まれ（このことは、次の3で詳述しています）、そして一人ひとりがその国の中に、それぞれ自分の生まれ、育った「郷土」を持っています。そして、人々の心には、生まれ、育った地域や周辺の自然の美しさ、家族や幼い頃の学校時代の友人たちとのなつかしい思い出、地元の祭りや行事に参加して得られた感動など、郷土と結びつく身近なさまざまな思い出が刻み込まれています。このようにして、私たちには、生まれ育った郷土へのなつかしさと親しみの感覚が、「郷土愛(注)」の柱として、いつまでも心に残っていくのです。

（注）「郷土愛」は、もっぱら、昔の思い出を通して、いわば情緒的あるいは感覚的に、自然に身につけるものではないでしょうか。

そして、私たち一人ひとりにとって、いわば遠いイメージとしてしか存在しない「国」は、身近にある一人ひとりの「郷土」を結び合わせたものとして存在しており、したがって、「郷土愛」は「国を愛する心・態度」の基礎となっているといってよいのです。そうであれば、一人ひとりの「郷土愛」がすてきな思い出にあふれ、多様性に富み、深みのあるものであればあるだけ、国民全体としての「国を愛する心・態度」も、豊かで、しっかりしたものになることが期待できるのではないでしょうか。

3 宿命としての「母国愛」を自覚すること
―日本で、日本人として生きていることを確認すること―

ところで、私たち一人ひとりにとって、ある時代のある場所で生まれたことは、選択の余地のないことと受け取らざるを得ないのです。それはいわば私たちの一種の「宿命」(避けることも、変えることもできない運命的なもの)なのです。しかも私たちは、二度とない人生を、単に人類の一員としてではなく、「日本という国」で「日本人」という具体的な国民の一員として生まれ、存在しているのです。

これは、当たり前のことなのですが、皆さん一人ひとりがこのことを一度はしっかり考え、確めておいていただきたいのです。すなわち、一方では、私たちの生命《いのち》は、太古の昔から延々と引き継がれて今日《こんにち》の自分の生命があり、しかも他方では、私たちの存在と日本という国との間には、決して逃れることのできない密接な結びつきがあることを、しっかり確認していただきたいのです。そうすれば、この「宿命」との縁《えにし》を大切にしなければとの思いは、自然に湧き、そして強まっていくのではないでしょうか。

その思い、その心が「母国愛＝祖国愛」(注)の源であり、「国を愛する心・態度」の基礎となっているのです。そして、これができれば、日本人であるということの上に人々の幸せをつくり上げる努力が素直に生まれるのです。したがって、皆さん一人ひとりに、しっかりした「母国愛＝祖国愛」を持っていただきたいのです。

(注) 先に、「国を愛する心・態度」にいう「国」とは何かについて、それは国の「歴史・文化的な共同体」という面に着目したもので、国の「統治機構」の面とは関係がないと説明しました(48頁参照)。「母国愛」という場合の「国」についても、これと同様に考えてよいのです。

第二章　国に誇りを持ち、大切にしようという心・態度を育むものを学ぶ

第一節　日本人の生き方の底流にあるもの
―神話・縄文時代から続くもの―

先史時代（文献が十分残っていない時代）から今日までの長い歴史の中から、一つの神話と三つの時代を選び、それぞれの中で、その後の日本人の生き方、心の形成に重要な影響を及ぼしてきた思想、心情（宗教的なものを含む。）にはどのようなものがあるのか、そして、それらが諸外国の事情と比べて、どのような独自性、すなわち、誇るべき点があるのか、簡潔に見ていくことにします。

1　神話により、古代から引き継がれてきたもの
―日本人の労働感と平等感―

古くからの日本人の「働くこと」に対する意識・感覚は、次に述べるように神と人間

との一体感、連続性から生み出されており、それは、古代の祝詞《のりと》（新年祭祝詞）に出てくる「依《よ》さし」という語《ことば》に求められているのです。「依さし」とは「委任する」という意味ですが、神様はこの祝詞《のりと》で稲作を人々に「依さし」（委任）されているのです。したがって、古くから労働は神事であり、人々は神様と一緒に労働していると考えてきたのです。

こうして、日本人は、昔から、他の国民や民族と異なり、肉体労働が軽蔑あるいは軽視されない伝統がつくられ、(注1)生きていくために働くことは当然のことであり、働けることは喜びであったのです。(注2)このことは、その後幾世代を超えて日本人の心に引き継がれ、今日でも、基本的にはほとんど変わっていないのではないでしょうか。

（注1）日本の神話では、天照大神も弟の須佐之男命《スサノオノミコト》も、人間と同じように絹をつくるための養蚕の仕事や稲田を耕すなどの労働をしていたのです。

（注2）なお、仏教では出家（労働から離れる）という制度があり、当初、労働が軽視されていましたが、神道の影響もあって、江戸初期に「農業則仏行なり」と主張する禅僧も出

て、しだいに神道と立場を合わせていったといわれています。

これに対して、古くから欧米人の考え方の基本にあるのは、ユダヤ教、キリスト教（プロテスタント等は少し違いがあるようです。）、イスラム教に共通してみられる労働は神から人類に課せられた懲罰であるという考え方です。(注)

（注）聖書では、アダムとイヴが天国で犯した罪のため、男は日々の糧を得るために額に汗して働き、女はその罪の償いとして、出産のときに陣痛を科せられたとされています。また老いることと死ぬことが人間の宿命となったのです。

この考え方は、現代の欧米人の職業生活からの引退と年金暮らしが理想の生活であるという、いわば肉体労働を下に見る労働感につながっているのではないでしょうか。

また、この考え方に合わせるかのように、古代の西洋（ギリシア・ローマ時代）は階級社会で、自由人（管理的な仕事をする人）のほか、奴隷（自由人の私有物として、労働に使役される人間）がいたのです。そして、この奴隷制度が廃止されたのは、例えばアメリカでは、そう遠くない南北戦争終了後の1865年のことです。この点からも、働くことに喜びを感じ、奴隷制度を持ったことのない日本人には、欧米人よりも人はみな平等であるという意識が、古くから強く備わっていたといえるのではないでしょうか。

2　縄文時代
―「自然と共に生きる」心情と「和の心」の形成―

古く、縄文時代（およそ1万3，000年前から紀元前300年頃まで）には、列島で住民の定住生活が始まり、縄文文化が生まれました。人々は、美しく豊かな自然を愛し、絶対的な力を持った自然への信頼感から、自然と調和し「自然と共に生きる」という生活の心情をつくり上げる（59頁参照）とともに、他方、自然に神聖なものを感じて、後の神道（多神教）の誕生へと発展する「自然信仰」(注)が生まれたのです（第二章第三節を参照）。こうして、自然と心を通わせ、自然と一体となった生活を尊ぶ姿勢を今日まで残している我が国は、世界でも稀な存在ではないでしょうか。

（注）ここで神道との関連性について触れておきますと、縄文時代の人々は、自然信仰から、

しだいに万物には神が宿るという思想を抱き、そして、習俗としての自然に対する祈りなどから、「神道らしき宗教性」が定着し、やがてそれが6世紀中頃に百済から「仏教」が渡来した頃、「神道」として成立したのです。

更に、残された遺跡（遺構）等から、縄文時代の人々は、長く続いた平和で安定した生活の中で、一緒に生活する他の人々との生き方として、自然信仰に根差した「優しさ」「誠」「共生」の三つの教え（これらは「和の心」と総称してよいのではないでしょうか）を習俗として定着させていたと考えられていますが、これらの一つひとつは、後に生まれた「神道」の教えの中に取り入れられているのです。

なお、縄文時代の遺跡からは、戦いのための「武器」がまったくといってよいほど見出されていません。このことは、前述したように島国であり、自然の恵みが豊かであったとはいえ、大陸の民族とは異なり、縄文時代を通じて1万年以上もおおむね「平和」が保たれていたことを示すものであり、日本人の「和の心」を大切にする文化は、この縄文時代に育まれたといってよいのではないでしょうか。

3　江戸時代

―「武士道精神」の成立―

徳川幕府が行った「鎖国」は、日本に固有の文化を創り出し、日本文化の円熟をもたらしたのです。

人々の生活は、食糧をはじめ自給自足を基本とし、したがって、上から下まで浪費を慎み、倹約を旨とした生活を営んでいました。こうしたことは、人々の「公徳心」が高く、内面を律する心の動きによって支えられていたのです。

なお、江戸時代が始まる少し前に来日したスペインの宣教師は、「日本人は、貧しいことを恥ずかしがらない。武士は町人より貧しいのに、尊敬されている。」と驚いています。

また、江戸時代の後半以降の我が国は、欧米諸国に比べて庶民の教育水準が図抜けて高かったのです。それは公の力を全く頼らず、それぞれの地域の人々の手づくりによって、全国に「寺子屋」が2万軒余り（江戸だけで千数百軒）つくられ（このほかいわゆる高等教育も盛んで、各藩の「藩校」は、全国で250校余りあったのです。）、少年少女は読み書き、そろばん、行儀作法のほか、農業・漁労などの地元産業についても学んでいたのです。当時の教科書（往来物）が7，000種以上残されています。（注）

（注）寺子屋では石田梅巌、二宮尊徳などの教えを中核として、庶民に対し勤勉性や向上心などを中心とした国民道徳が説かれていました。そして明治に入って、その多くが「教育勅語」に取り入れられたのです。すなわち、教育勅語の素地は、江戸時代の庶民教育の中にすでに育まれていたのです。

こうして、江戸時代の末頃には、身分にかかわらず庶民の向学心は極めて盛んで、識字率はほぼ50％（当時、最も近代的な都市ロンドンでも、20％程度で、他の国々では、せいぜい数％程度であったと推定されています。）に達していたといわれています。

なお、明治の初期に来日したあるロシア人は、「読み書きの能力など、日本人のすべての国民にとって、あって当たり前のことと考えられている。……書かれた言葉を愛好する習性が、ヨーロッパでは見たこともないほど広まっている。」と書き残しています。（注）

（注）なお、江戸の経済は、初期には大名たちの経済力（参勤交代等によるもの）によって支えられていました。しかし、中期以降は町人の活躍によって活気を呈し、当時１００万人が暮らす世界最大の消費都市江戸（日本）の経済成長率は、あるイギリスの学者によれば、０・24％で、当時世界第2位であった（第1位はイギリス（ロンドン）で、０・29％、第3位はオランダ（ハーグ）で０・21％）と推計されています。

なお、「武士道」は、元々、鎌倉武士の「戦いの掟」でした。「戦いの掟」とはいっても、それは武士道ですから、具体的な戦いの戦法、戦略のことではなく、武士としての生きざま、心の持ち方のことを意味しています。そして、その中心にあったのは、縄文時代に発し、我が国に昔から伝わっていた「卑怯なことはしない」という行動基準であったといわれています。これに仏教（特に禅）、儒教、そして神道から、それぞれ美徳とされていたものが取り入れられ、武士道ができ上がったのです。

そして、２６０年続いた平和な江戸時代に、武士道は「武士道精神」へと高められ、しかも、それは物語、講談、歌舞伎、浄瑠璃などを通じて武士から町民や農民など一般庶民にまで行き渡り、日本人全体の行動基準、道徳理念となったのです。その具体的な中身としては、勇気・正義・誠実・節度・忍耐・慈愛・惻隠[注]そして名誉や恥（卑怯なことはしないなど）の意識等が含まれていました。

（注）『武士道』の著者、新渡戸稲造は、武士道の最高の美徳として、「敗者への共感」「劣者への同情」「弱者への愛情」と書いており、惻隠の情を最も重視していました。

なお、以上に述べたような江戸時代のさまざまな実情を知れば、明治以降の我が国の目の覚めるような近代化への歩みは、我が国がそれまで貯えてきた、いわば「底力」によるものだったことが分かるのです。

4　平成時代
―東日本大震災の被災者の行動が見せたもの―

今から8年前の平成23年3月11日、千年に一度といわれる東日本大震災（大地震とそれに伴う大津波）のすさまじい被害を受けた直後に、この被災地域の人々がとった行動は、日本人だけでなく世界中の人々を驚嘆させたのです。

大災害に直面し、あらゆる生活の基盤が最悪の状態に陥った（家族を亡くし、住む家を壊され、仕事を失うなど）人たちが、暴動や略奪などが生じても決しておかしくない状況の中で、今生きるために欠かせない水や食料品等の救援物資を受け取る際に見せたあの忍耐強く、秩序正しい行動や態度（誰一人として自分さえよければという身勝手な行動をとる人もなく、順番を整然と待っている姿）をどう評価したらよいのでしょうか。

ところで、これらの行動は、私たち日本人にとっても、日本人の過去の災害慣れとか、道徳教育の成果だけでは決して理解できるものではありません。ここで、少し考えてみることとします。

前述したように、我が国ではすでに縄文時代から、人々は自然を愛し、自然への信頼感から自然と調和し、「自然と共に生きる」（自然から受けるよいことも、悪いこともすべて素直に受け入れる。）という生活の心情を定着させるとともに、他の人々との長く続いた穏やかな生活の中で、人々に対する和の心（優しさ、誠、共生）をつくり上げてきたといわれています（59頁、68頁参照）。

ところで、東北地方の人々は、貞観（平安時代）以降、1，200年ぶりの大地震を経験したのですが、実はその間にも大小さまざまな地震に見舞われており、その度に数千人あるいは数百人という犠牲者を出してきたのです。

こうして、人々は度重なる地震等の自然災害を経験する度に、先祖から受け継いできた一つ目の「自然と共に生きる」という心情や、二つ目の「人々と共に生きる」という「和の心」のあり方が厳しくためされ、鍛えられてきたのです。そして、その度ごとにそれを乗りこえ、「自然」を恨まずありのままに受け入れる心、すなわち忍耐強さを身につけるとともに、「仲間」をお互いに思いやり、助け合う心が育まれてきたのです。

そして、前述したように、江戸時代になって、その上に三つ目の「武士道精神」の「惻隠の情」が加わり、日本人の心は一層高められることになったのです。

このように、長い歴史を通じて生まれ、さまざまな形でためされ、鍛えられ、そして、めげることなく人々の心に受け継がれてきたこれら三つの心情が「日本の心」として一つにまとまり、国のそしてその地域の住民にとっての最高の危機に際して、あの見事な行動に結実したと考えられているのです。誠に、古い歴史と伝統を誇る日本という国ならではのすばらしい「底力」ではないでしょうか。

（参考）「日本の心」は、普段、どのように引き継がれているのか

どうして日本人があのときあのような行動を示すことができたのか、ここで、「日本の心」が普段、どのように日本人の心に保持され、引き継がれる仕組みがあるのか見ていくこととします。

まず、「日本の心」の最も中核となっているのは、他の国では見られない日本人と「自然」との関係、すなわち人々が「自然と共に生きる」という心情です。それは自然を愛し、自然に決して逆らわず、自然の力をありのままに受け入れ、同調していく姿勢であり、子々孫々と受け継がれ、今でもごく自然に人々の心の奥深く、しっかりと溶け込んでいるのです。

次に、我が国では、昔から心身を鍛えるため、人間として習うべき「道」が、文武両面でさまざまに設けられています。そして、多くの若者たちを中心に、(注)生活習慣としてあるいは趣味として、その道を究めようと努力を続けています。「文」でいえば、茶道、華道……等、「武」でいえば柔道、剣道……等です。

(注)例えば、「日本の心」を育む茶道や柔道等は、学校や企業等のクラブ活動として、広く、活発に行われているほか、一般社会人のためには、「教室」や「道場」があちこちに設けられており、人々はそれぞれ好みの流派の習い事を継続することができるのです。

例えば「文」の方の「茶道」(起源は、室町時代)について見ますと、茶の湯の作法を究めることはもとより、精神を修養し、交際礼法を極め、また、わびさびの芸術的な美意識を高めるものとされています。こうして、茶の湯の修養を通じて、「和の心」を学び、身につける機会が広く開かれているのです。

また、「武」の柔道(起源は極めて古く、流派が生じたのは戦国時代)について見ますと、相手に対する攻撃と防御の技を追求しつつ、立派な体づくりと武芸者としての健全な精神づくりが同時に求められているのです。こうして、柔道の修業を通じて、広く「武士道精神」を身につけることができるのです。

以上見てきたように、日本の底力の基礎にあるのは「日本の心」です。それをつくり上げている「自然と共に生きる」という心情と「和の心」そして「武士道精神」は、それぞれ古くから多くの国民がさまざまな「何々道」に参加して無理なく、知らず知らず、ごく自然に引き継がれてきているのです。誠にすばらしいことであり、こういう活動が今後、いつまでも盛んであることを期待したいものです。

なお、後述（第七節）するように、日本に帰化された方々も、日本人（日本）が日本人（日本）らしくあり続けるために、「伝統文化の中の何々道」を大切にし、絶対になくさないでほしいと強く願っておられます。

第二節　先人の残してくれた誇るべき文化財
―仏像を通して知る日本文化の見事さ―

はじめに

古い歴史を持つ我が国に、優れた文化財、文化遺産が数多くある中で、ここでは、比較的人々の身近にあって数も多く、目に触れやすい仏像（国宝）を取り上げ、それらがつくられた歴史や背景、そして芸術性豊かな仏像を通して、広く日本文化のすばらしさについて説明することとします。(注)

（注）言うまでもありませんが、仏像はあくまでも信仰の対象としてつくられ、長い間、尊さ、有り難さを感じさせることが最大の価値として存在してきたのです。
そして明治17年、「絶対秘仏」とされてきた法隆寺夢殿の本尊「救世観音」（飛鳥時代の作）が岡倉天心とフェノロサによって発見されたことをきっかけとして、仏像に美術的、文化財的な価値が加わることになったといわれています。ここでは、仏像を文化財そして

美術品としてのすばらしさという観点にウエイトを置いて説明します。

1　日本に、仏像はどのようにして生まれたのか

仏像は、心穏やかにその前にたたずむ人々に、尊さ、有り難さとともに、深く、静かな感動を与え、日常生活から解放された舜間《ひととき》をつくってくれます。この仏像は、日本ではいつ頃から誰によってつくり始められたのでしょうか。

元々、仏教においても、偶像崇拝が禁じられていましたので、一神教であるユダヤ教やイスラム教と同じように、仏像は作られていませんでした。ところが、紀元前4世紀前半のアレキサンダー大王のインド遠征に伴って東漸したヘレニズム文化の影響を受けていたインドのガンダーラ地方で、釈迦に会いたいという思慕の情が高まっていた仏教徒の要望に応じ、紀元前1世紀頃から、そこに定住していたギリシア人たちによって仏像がつくられるようになったといわれています。それはシルクロードを通って、中国、朝鮮に伝わりました。

そして、朝鮮から我が国に仏教が伝来したのは538年（又は552年）で、百済の聖明王から、経典と一緒に仏像（釈迦如来の金銅像）がもたらされたのです。日本書

紀には、これを受け取ったときの欽明天皇（第29代）の言葉として、「仏の顔きらぎらし、(注)未だかつてあらず」と書かれており、初めて金色に輝く仏像に接したときの驚きが率直に表現されています。

(注) きらぎらし（煌々し）とは、きらきらと輝いてまばゆい、きちんと整っていて美しい、おごそかで、威儀が正しいとの意味があります。

また、敏達天皇（第30代）の在位中（577年）には、経典や僧尼とともに、造仏工や造寺工等が送られてきました。このとき百済から来日した仏工は、後に日本での造仏に参加したものと思われます。

ところで、日本では、やがてこの仏像を作る「仏師《ぶっし》」と呼ばれる法相宗(注1)の教えを深く理解した仏像専門の彫刻家が生まれました。止利《とり》仏師(注2)は、我が国では最も古い頃の623年に完成した法隆寺金堂の本尊であるいわゆる釈迦三尊像（国宝）をつくった人であり、仏師のさきがけとして名を残しています。なお、この「仏師」というのは、日本にしかない制度（言葉）で、中国にも朝鮮にもありません。

（注1）法相宗は、飛鳥、白鳳、天平時代の日本の仏教の基本となっており、人間の深層心理までつかもうとするような哲学的な教えといわれています。法隆寺、薬師寺、興福寺などは、この宗派に属する寺院です。

（注2）止利仏師は、祖父の代に朝鮮から来日（およそ6世紀の中頃）し、それ以降日本に定住していますので、日本の風土の中で育った人といってよいのではないでしょうか。

なお、前述した釈迦三尊像がつくられた頃（飛鳥時代）を皮切りに、日本において仏師による仏像の作成が、本格的に始まったのです。

2　日本の仏像づくりの特色
—大陸からの影響を受けつつ—

前述したように、日本には仏教の伝来とともに仏像が入ってきたのですが、日本人が仏像をつくり始めた頃（多分、6世紀末～7世紀初め）には、当時の仏工たちは中国や朝鮮から渡来した仏像と同じようなものを、ただ見よう見まねで作り始めたのではないでしょうか。ところが、その頃大陸から入ってきた他の文化に対する姿勢と同じように、仏像づくりについても、しだいに日本人らしさが工夫され、発揮されていったのです。

当時、一般の人々は、仏教の経典（教え、ありがたさ）を理解していたわけではありません。そこで、大和朝廷の人たち、とりわけ仏教に関心を持つ人々の間では、人々が仏像を見て単に仏教に関心を抱かせるだけでなく、仏教の教えとはどんなものであるか、感得できるようなものをつくろうと意識し、努力し始めたのではないでしょうか。そこで、仏教の教えをよく学び、深く理解した仏像づくり専門の「仏師」をつくり、その「仏師」がつくるすぐれた仏像を通して、人々に仏教を感得させようとしたものと思われます。こうして、仏師によってつくられた日本の仏像は、人間ばなれした美しさと深い内面をその表に現し、人々に深い感動を与えるものになっていったのです。

なお、日本では、仏像が仏《ほとけ》（様）と呼ばれるように、仏像（＝仏）は、仏陀が人間の姿をかりて現れているものなのですから、それをつくるのに「仏師」が魂を打ち込むのは当然のことと思われていたのではないでしょうか。

こうして日本人は、仏像(注)づくりについて、大陸からの影響を受けながらも、それらとは異なる独自の個性を発揮しつつ、本格的な仏像づくりを始めたのです。

（注）私たちが見なれている仏像には、いくつかの種類があり、通常、如来、菩薩、明王、天、高僧などに大別されています。

・「如来像」は、出家後の釈迦をモデルにしており、一枚の衣だけを身に着け、装飾品などは身につけないのが原則（釈迦如来、阿弥陀如来、薬師如来等）。

・「菩薩像」は、釈迦が出家する前の姿をモデルにしており、王子時代の裕福な姿につくられるのが原則（文殊菩薩、観音菩薩、弥勒菩薩、地蔵菩薩等）。

・「明王」は、仏教の教えを怒りの表情で説き伏せることを任務としている（不動明王等）。

・「天」は、インドの神々で仏教に取り入れられ、如来、菩薩、明王などに仕えて仏教を守っている（四天王、仁王等）。

・「高僧」は、鑑真和上、最澄、空海等です。

3　国宝とは何か

前述した止利仏師がつくった釈迦三尊像は、現在、我が国の大切な「文化財」ですが、それはまた「重要文化財」であり、「国宝」でもあるのです。これらの言葉の意味を「仏像」をもとに簡潔に説明します。

仏像は「彫刻」ですが、それは建築物、絵画、工芸品、書跡等とともに「有形の文化的所産」とされ、そのうち「我が国にとって歴史上又は芸術上価値の高いもの」などが「有形文化財」とされています。そして「有形文化財」のうち、重要なものが文部（科学）大臣によって「重要文化財」に指定され、更に、「重要文化財」のうち、「世界文化の見地から価値の高いもので、たぐいない国民の宝たるもの」を文部（科学）大臣は「国宝」に指定することができるとされています（文化財保護法2条1項。27条）。国宝とは、このように私たちの先人が残してくれた重要な文化財の中でも、日本国民にとって最も大切な文字通りの「国の宝」なのです。(注2)

(注1) 平成30年11月1日現在、国宝には有形文化財のうち、「建造物」は225件、「美術工芸品」は890件指定されていますが、「美術工芸品」のうち、「彫刻」の分野に属する「仏像」で国宝に指定されているものは136件です。

（注２）文部（科学）大臣の「国宝」の指定に関しては、仏像のつくられた「時代」と「地域」について片寄りがあると指摘されることがあります。

まず、前者については、現在までに指定を受けた仏像は、飛鳥時代から鎌倉時代までのものだけです。それ以後も仏像はたくさん作られていますが、歴史が下るにつれて人間を深く追求する面が軽んじられ、胸をうつ仏像が少なくなったのではないかと指摘されています。国宝を多く生み出した古代の仏師たちは、人間の魂の問題については、その作品を見ても、私たちが想像する以上に深く、豊かな思考をめぐらしていたのではないでしょうか。

後者については、国宝が奈良と京都そして少し範囲を広げても、近畿地方が図抜けて多い（奈良と京都で全体の84％、近畿二府四県で95％近く）のは、古代以降1，１００年以上国の都《みやこ》があったところとその周辺の地域であり、ある意味で自然なことではないでしょうか。

４　日本の仏像（国宝）は何がすばらしいのか

仏像の前に静かに立ち、それからどのような感動を受け、思いを深めるかは、もちろん一人ひとりの問題です。そして、国宝だからすべてが同じようにすばらしいということではないでしょう。仏師がそれぞれの仏像の作成に込めた思い、例えばそこに何を現わそうとしたか、何を訴えたいと思ったのか、――人々はそれをそれぞれ自分の目と心で追い求め、自分で見つけることこそ、その仏像を知る（あくまでも自分なりに）ということではないでしょうか。

その仏像、人間を超越した姿を見た瞬間、人々はただならぬ雰囲気にハッと心が響く、――そして、しっかり眺めているうちに、そこに現われているというより仏像の方から迫ってくる威厳（荘厳さ）、慈悲の心（やさしさ）、崇高さ（気品）、憤怒（強烈な迫力）などに圧倒され、美しい、見事だと感動する。(注)「国宝」とは、人々の心にこういった「精神の躍動感」を抱かせる作者の魂がこもった仏像が指定されているのです。

(注) このようなさまざまな感動を受けることによって、人々は人間としての生き方について貴重な啓示を受けることがあるのです。

例えば、ある人は「愛の光」にあふれた仏像から心のいやしを受け、また、他の人は清らかさ、又は信念の強さを秘めた仏像から、それぞれ自分の心の汚れを反省し、また、日頃の生活振りをもっと強くあらねばというような励ましを受けるのです。

ここに述べたような仏像は、きっと作者が魂と技術の面ですぐれた「天分」に恵まれ、しかもさまざまな経典を読み、数多くの優れた仏像に接して培われた深い「教養」を身につけた「仏師」でなければできない仕事ではないでしょうか。

例えば仏像でも、普通の出来栄えの作品と、ここに述べたようなすぐれた作品とについて、作者の制作の姿勢にどのような違いがあるのかについては、次の一文から読み取っていただくことができると思います（ただし、「日本画」（絵）とあるのを、「仏像」と読み替えて下さい。）。

「近年の日本画は、絵を心で描く事なく、単に手を以て描いているに過ぎない。単に眼の命ずるところによって駆使されたる技法では、それは事物の客観的な形象をただ表面的に説明するにとどまって、物象の真実なる生命を表現することはできない。」（横山大観）

なお、外国の彫刻（仏像を含む。）と日本の仏像の、それぞれ最高レベルのものを比較して、次のような説明が行われることがあります。

・「ギリシア彫刻」、「ルネサンス彫刻」、そして「各国の仏像」には、人間の願望の最高の反映としての理性的な美しさが現われている。

これに対して、

・「日本のすぐれた仏像(注)」には、神・仏を反映する超絶対者が、人の姿を借りて現われている。

また、

・「近代」の傑作は、一個の人を写して、人間そのものを示現している。

これに対して、

・「日本の古典」の傑作は、人間そのものを写して神を示現している。

（注）「日本のすぐれた仏像」についてのこれまでの説明（例えば86頁）、そしてここに述べた説明が確かなことは、92頁の写真を見ていただけば、納得していただけると思います。

5　古代のすぐれた文化を生み出した日本人の資質と
それを取り巻く自然のすばらしさ

日本の古代の誇るべき文化遺産である「万葉集」（16代仁徳天皇の皇后の歌（4世紀半ば頃）といわれるものから淳仁天皇（第47代）時代の歌（759年）まで、およそ400年近くに及ぶ歌約4，500首が掲載）には、当時の高貴な人々のほか、文字どおり一般庶民といわれる人々のすぐれた歌もかなり含まれています。このことについては、古くから日本の文化力の高さと裾野の広さ、すなわち日本民族にはすぐれた文化をつくり出す基礎が幅広く、しっかり備わっていたことを示す(注)ものであり、古くから貴重な仏像が次々と生み出されていったのも、このような事情があったからではないかと指摘されています。

（注）我が国が、一国で世界の七ないし八大文明の一つを構成しているという指摘があります（第六節参照）が、中国文明とは別の文明をつくった時期については、西暦100年～400年あるいは660年～750年とされ、いずれも相当古く、すでにその時期には、日本文明の独創性と力強さが示されていたのではないでしょうか。

また、我が国で古代からすばらしい文化・芸術が生み出された背景として、我が国独特の美しく親しみやすい「自然」が、遠い昔から日本民族の心の形成に深く影響を与えてきたとされており、ここにそれを指摘している二人の学者の見解を紹介しておきます。

「これらの最初の文化現象を生み出すに至った母胎は、我が国のやさしい自然であろう。愛らしい、親しみやすい、優雅な、そのくせいずこの自然とも同じく底知れぬ神秘を持ったわが島の自然は、人体の姿に現せばあの観音（中宮寺、筆者注）となるほかはない。自然に酔う甘美なこころもちは日本文化を貫通して流れる著しい特徴であるが、その根はあの観音と共通に、この国土の自然自身から出ているのである。……母であるこの大地の特殊な美しさは、その胎より出た子孫に同じき美しさを賦興した。わが国の「文化」の考察は、結局、わが国の「自然」の考察に帰つて行かなくてはならぬ。」（和辻哲郎『古寺巡礼』）

「縄文時代の火焔土器にはじまる日本の芸術は、仏教美術にせよ、……すべて信仰生活の中でつくられてきました。その信仰の対象は自然であり、祖先であり、神々でした。また、仏像であり、高僧の言葉であり、またその生き様でした。いずれにせよ、それはあくまで日本の大きな自然の中での生活をもとに、人間が展開してきたものなのです。」

（田中英道『日本の文化　本当は何がすごいのか』）

6　しめくくり

厳しい修練を積んで精神と技を鍛えた仏師たちによって、魂を込めてつくられた日本の仏像は、宗教に関する各国のいかなる像の中でも、最も芸術性を備えた日本文化の精髄を示す世界に誇るべき芸術作品なのです。教師の皆さんには、一つでも多くの作品に接していただくことを期待しています。

そして、自分が接した日本の仏像から受けたありのままの感動を、子供たちに素直に伝えて下さい。子供たちはきっと、自分もぜひ見たいというあこがれをつのらせるのではないでしょうか。そして、国の長い歴史（日本で仏像がつくり始められたのは、いまからおよそ1，500年前のことです。）に思いを馳せつつ、日本という国に対して強い誇りを抱くのではないでしょうか。

弥勒菩薩半跏思惟像（国宝第一号　広隆寺・京都市）

第三節　日本の宗教の特異性
―神道と仏教を併せた信仰の姿―

現在の日本の宗教の状況を正しく理解するため、迂遠《うえん》のようですが、最初に、「自然信仰」から始まる古代における日本の神道の誕生の歴史から始め、次いで世界の主要な宗教（一神教）がどのようにして生まれ、他の神に対する姿勢が日本の神とどのように違うのかについて触れます（注）。

その上で、日本への仏教の伝来と、その後の日本独特の神道と仏教の習合の歴史、その下《もと》での神道と仏教のそれぞれに対する日本人の信仰ないしは接し方について触れ、終わりに、日本人の宗教というより、信仰心ないしは宗教的心情の特異性について説明します。

（注）近頃、外国の人たちは、日本各地のいろいろな神社への参拝と日本文化の学習等により、しだいに、日本の神々は自分たちの一神教の神とは異なり、神々が互いに排斥し合わない

で共存し、また、神と人間とが身近な関係にあることを体験的に理解し始めているようです。

Ⅰ　神道の成立前

1　日本神話から
―神はどのようにして生まれたか―

8世紀の初めにつくられた日本建国の歴史・神話（古くからの人々の間の伝承をもとにつくられたもの）である古事記（712年）と日本書紀（720年）は、いわゆる「天地創造」に関して、最初に「天」と「地」という「自然」[注1]があり、そこから神々や人間などが生まれたと記述しています。[注2]すなわち、神々や人間が存在する以前から存在する「天地《あめつち》」こそが自然なのであり、神々もそこから生まれたのです。自然が神さえもつくったということであり、そして、その「自然」そのものを神と呼ぶとき、それが「神道」となるのです。

（注1）「自然」は、明治以降に生まれた言葉です。それ以前には、万物を含むすべての広がり、すなわち全宇宙を意味する言葉として「天地（あめつち）」が使われていたのです。

（注２）古事記の神話的物語は、天地の成り立ちについて、「無」の状態からすべてが始まり、神はまだいなかったと、次のように語り始めています。

「……地上で世界がまだ若くて固まらず、水に浮いている脂《あぶら》のような状態で、水母《くらげ》のようにふわふわと漂っていたとき、葦の芽が泥沼の中から芽をふくように萌え上がるものによってなった神の名は……」

そして、この後、イザナギ、イザナミの男女一対の神が、神々や人間のほか、国土や万物を生み、地上世界をつくっていくのです。

このように、古事記や日本書紀の冒頭に見られる、「混沌とした天地《あめつち》から自然が生まれてその自然が神をつくった」という説明は、後述する現在の世界の宗教を支配する一神教(注)の考え方を否定する「自然信仰」に基づくものであることは、注目すべきことなのです。また、この「無」の状態からすべてが始まるという考え方は、実はアインシュタインをはじめ現代の最高レベルの科学者が自然の成り立ちについて説明するいわゆる「ビッグバン学説」と酷似しているのです。

こうして、自然が生み出すものの中に神も人間も含まれる、すなわち「大自然の中に、神々も人間も存在している」という宇宙観が今日に至るまで、日本人の信仰の基礎となっているのです。

（注）ユダヤ教、キリスト教の聖典である「旧約聖書」には、まず最初に「神」があり、すべての自然は神がつくったと記述されています。
ところが、「自然」にしっかり向き合っていた私たちの先祖にとっては、人間の形をしたいわゆる人格神が全能の神で、その神が自然さえ創造したというようなことは、およそ考えられなかったのではないでしょうか。

2 歴史として
—神はどのようにして生まれたか—

（1）縄文時代の「自然信仰」（後の「神道」（多神教）の基礎）

日本列島に、後期旧石器時代（およそ3万5，000年前から、1万3，000年前まで）の人々が生活していたことが、近年の研究成果から明らかになっています（岩宿遺跡など）。しかし、この時代には、人々が「遊動生活」をしていたことから、「石器」づくりの技術を伝えるための言語の使用が認められる程度で、広く文化といえるものはまだ残されていません。

これに対して、その後を受け継いだ縄文時代(注)（およそ1万3，000年から、紀元前300年頃まで）には、「定住生活」が始まったことにより、日本列島に縄文文化（定住を経済的に支えた生業や交易、そして精神的に支えた祭りや祈りなど）が生み出されていたのです。

（注）旧石器時代（その時期は、最寒冷期と海面低下の時代でした。）から縄文時代に入った頃、地球の温暖化に伴い、現在の地球環境（日本列島の概形、気候の温暖化、動植物類すなわち多くの木の実がなり、シカ、イノシシなどが住む豊かな森など）が整い始め、定住生活と土器（縄文式）の生活が始まったのです。

この時代をもう少し詳細に見ますと、日本列島はおよそ1万年前に大陸から切り離されました。この島国での他の民族とぶつかり合うことのない平和なしかも比較的温暖で豊かな自然環境の中で、人々は、長年、同じ場所に住み続けながら、狩猟、採集等の生活を送っていました。そして、一方では自然の恵みに感謝し、周辺の大地や森林、山、川などに深い愛着を感じ、自然を「崇拝」しつつ、他方では時折襲ってくる地震、雷、台風、津波など、自然からの強い試練に耐え、自然を「畏怖」しながら自然と共に生活を続けていたのです。

そして、やがてこの自然に対する「崇拝」と「畏怖」の思いが一つになり、人間の力をはるかに超えた絶対的な力をもった自然の懐に抱かれていればよいという信頼感から、人々の間に「自然と調和し、自然と共に生きる心情」が育まれていったと考えられているのです。

それと共に、人々は太陽や月、星などの天体のほか、生きとし生けるものすべてに、それどころか山や森林、更には巨木や巨岩といった人力の及ばない無生物にさえ、魂や精神性を感じる豊かな感性が形成されていったのです。このようにして、縄文時代の人々には、恵まれた自然環境の中で、自然に聖なるもの、尊きものを感じる「自然信仰」が生まれ、それは「八百万《やおよろず》の神」すなわち万物に神が宿る（あるいはすべての場所に「神」が存在している）という思想（注）として定着し、後の多神教（神道のように、多数の神々や霊魂を併せ祀るもの）へと発展していったのです。

（注）人間が自然物（動植物をはじめとする人間周辺の存在）に霊の観念を持ち、更に上位の「神」の観念を持つようになる信仰は、「アニミズム」と呼ばれています。

縄文時代には、すでに現在の日本の国土とほぼ同じ範囲に、こうした文化的統一性が形づくられ、後に神道と呼ばれる宗教性（注1）が生まれていったのです。そして、これが以後の我が国の文化の形成に基本的役割を果たしていくことになったのです。

なお、縄文時代の遺跡から、「祈り」の場所が見出されていますが、そこでは、自然と、自然が生み出したもの（食べ物となった動植物が中心）の御霊に対して「祈り」を捧げていた（神祇信仰）とされており、こうした「祈り」が、後の「神道」の実際の活動の始まりであると考えられているのです。（注2）

（注1）日本の神道は、「自然信仰」と「アニミズム」が融合したものと考えられていますが、実は、神道には、古代の東北アジアに普遍的であった「シャーマニズム」（神霊や祖先の

霊を「みこ」を仲介として心を通わせる儀式）の要素も加わっています。

（注2）なお、縄文時代以後、日本人は島国での「定住生活」で、地域の口承による日常的な言葉だけで必要な生活ができたため、その頃の日本民族には、他の民族のように、他と交流したり、他に命令するための共通の「言語」は生まれなかったのです。そのためもあって、神道（思想）には、他の宗教に見られる「経典」（仏教のお経、キリスト教の聖書など）が生まれなかったのだといわれています。

そして、続く弥生時代（紀元前300年頃から紀元後200年の初め頃まで）には、農耕に加え、新しい土器（弥生式土器）が加わったのですが、次第に農耕民族として、自然の大切さを一段と意識し、とりわけ「太陽」については、特別の思いを深め、後の神道や仏教において、太陽が最高位に祀られる（太陽を神格化したのが天照大神であり、仏教では大日如来、阿弥陀如来など）ことにつながり、ここに、日本の信仰の根本がまとまり始めたのです。

(2)「一神教」はどのようにして生まれたのか

—縄文時代とほぼ同時代の世界において—

旧約聖書には、人間は争うものであり、それをくり返してきたという歴史観が見られます。こうした歴史観は、ユーラシア大陸（ヨーロッパとアジア大陸の総称）で、「遊牧生活」を送ってきたすべての民族に当てはまるのです。

そこで生まれた宗教（源は、「ヤーヴェの神」を信仰するユダヤ教（紀元前586年に成立）で、後に、その精神がキリスト教、イスラム教（610年頃に成立）に取り入れられたのです。）は、前述した日本の場合とは違って、不毛で乾燥した荒地や砂漠での典型的な「家畜文化」（家畜の大集団をまとめつつさまよい、時には他の民族（集団）と接触し、ぶつかり合う生活の中から生まれる。）がそれを成立させる基本的な前提となっているのです。したがって、そこでの神は、羊飼いが羊の群れを完全に掌握し、制御するように、民族が一致団結して他民族との争いに勝つために、人間のするべきことをすべて管理し、命令する全知全能の超越的な支配者として君臨する存在でなければならなかったのです。そして、これらの宗教を信奉する国々では、それぞれの国がそれぞれの唯一の神を信仰するいわゆる「一神教」の国なのです。なお、唯一の神の信仰と偶

像崇拝の否定とは表裏一体の関係にあり、当時の世界で一般的であった偶像崇拝が禁止されたのです。(注)

（注）古代オリエント世界での王は、「政治と宗教を統合する象徴的な存在であり、地上における神の代理表象、神の似姿」であり得たのです。そして、その権威を伝達する役割を担うためにつくられたのが「偶像」であったのです。
しかし、一神教では、「あなたの神」は、わたしをおいてほかにはないことから、いかなる像もつくってはならないこととされたのです。

(3) 多神教と一神教の「神」の生まれ方の違い

これまで述べてきたことから分かるように、日本を含む世界の各国、各民族の持つ宗教（神）は、その国、その民族のかつての土着の生存環境と文化から生まれたものであり、それぞれが生まれた環境の中で生きていくために、それぞれの必要に迫られて生み出されたものであるということを理解しなければならないのです。

そこで、一神教の人々は、彼らが厳しい自然状態（環境）のままでは耐えられないため、人々の心をまとめ、自分たちを守るために、自分たちだけの「神」をつくり上げ、そして自分たちに厳しい試練を投げかけるいわば対立する自然を、自分たちの幸せのために征服すべきものと考えていたのです。

これに対して日本人は、自然とは「自《おのずか》ら然《しか》り」すなわち「最初にあるもの」と考え、神々や人間が存在する以前から存在する「天地《あめつち》」こそ「自然」であり、神々はそこから生まれたと考えてきたのです。このように、多神教（多数の神々や霊魂を併せ祀るもの）は、自然に親しみ、自然と深いかかわりを持つ国や地域において、自然を神々とする宗教として生まれたのです。そういう神々ですから、日本の神々は全知全能ではありません。(注)

そして、日本人はそういう自然と調和し、自然と共に生きることを身につけたのです。

（注）本居宣長によれば、「神」すなわち「迦微」とは、「尋常でないもの」「すぐれたもの」であると定義されています（古事記伝）。

(4) 多神教と一神教の他の神々に対する姿勢の違い

神（人格神）が天地をつくり、自分に似せて人間をつくったとする一神教（ユダヤ教、キリスト教、イスラム教）の場合、それぞれが自分たちの神こそ絶対に正しい（例えば、十戒の第1条には、「汝我のほか何ものをも神とすべからず」と記されています。）と信じて行動するのです。したがって、他に対しては不寛容であり、歴史的には、自分たちの考えに合わない神を許すことはできない「敵」であると考えてきたのです。

このような状況の中で、キリスト教も一神教ということで、かつては、非常に戦闘的な面をもっていたのです。例えば、歴史的に見ても、キリスト教国とイスラム教国とが対立した場合、11世紀後半から13世紀後半までの七回にわたって行われた「十字軍」の遠征のように、神の名、護教の名の下に、いく度となく凄惨な弾圧と虐殺がくり返されてきたのです。(注)

（注）キリスト教の世界では、近世に入って、それまでの反省から「政教分離」を打ち出し、他の宗教への厳格なかかわり方に一定の歯止めがかけられたのです。

他方、イスラム世界では、マホメッドの「教え」を、今もなお称賛すべきであるとされ、過去の反省に伴う変化は見られません。そして、今日でもイスラムの過激主義グループは、意識の底で「十字軍」を一種のレイプのように受け止め、自らの暴力的行為を正当化するため、今でも「十字軍」を引き合いに出し、彼らを鼓舞するエネルギーの一つとしているといわれているのです。

これに対して自然が神をはじめ万物をつくったとするいわば自然教（多神教。神道の源にあるもの）の場合、自然は神に平等なのです。また、この世の中のすべてのものは、自然によって等しく共存共栄するようにつくられていると考えるのです。したがって、人間は他の人間、他の生き物（動・植物）のほか、他の無生物（山・森・川等）とすら共に生きている、いや生かされているという考え方が、普段の心の中に生きているのです(注)。

（注）ずっと後の江戸時代の俳人によって詠まれた次の句には、それぞれ、人間がこれらの動物や植物と共に生きているという一体感とやさしさが秘められているのではないでしょうか。このような精神は、遠い昔から、日本人の心に脈々と受け継がれているのです。

やれ打《うつ》な　蠅《はえ》が手を摺《すり》　足をする（一茶）

朝顔に　釣瓶とられて　もらひ水（千代女）

なお、古代に日本人の自然信仰から生まれた神道は土俗的であり、相手方が複数の価値の共存を認める限り、他のいかなる宗教とも共存し、交わっていく性質があるのです（注）（共に自然を重んじる神道と仏教との「習合」（神道と仏教を同時に信仰できる重層性）については、後に詳述します。）。

（注）豊臣秀吉がキリスト教の布教を禁止した（1587年にバテレン（伴天連）追放令を出す。徳川時代にも引き継がれ、1612年禁教令が出された）のは、当時のキリスト教の宣教師たちが、布教に当たり、その信者たちに神社（神道）や寺（仏教）の破壊を指示したことを知ったから、あるいは宣教師たちは植民地政策の尖兵であることを見抜いたからであると伝えられています。

なお、植民地獲得を競うスペインとポルトガルとの間を円滑におさめるため、15世紀から16世紀初頭に、当時のローマ教皇が定めた地図では、日本列島の近畿地方以北はスペイン領、以南の中国、四国、九州地方はポルトガル領になると定められていたのです。

Ⅱ　神道の成立後
―「神仏習合」を中心として―

1　仏教の伝来と「神道」の成立

6世紀の中頃（538年又は552年）、百済から我が国に仏教（経典と仏像）が伝えられ（79頁参照）、その外来の宗教の受け入れをめぐって、豪族間で争いが起こりました。この頃までには、自然信仰としての神道らしき日本人の宗教が、いわば「習俗」として人々の間に定着していたのですが、仏教という外国の宗教が伝来したことにより、この習俗が日本の宗教であると認識され、我が国で初めて「神道」という宗教が成立したといわれています。

なお、「神道」という言葉が最初に歴史的文献に出てくるのは、日本書紀（注）（720年）で、用明天皇（31代、585～586年）の条に、「天皇は仏法を信じ、神道を尊ぶ」と神道が仏教と共に、日本固有の信仰であることが明記されているのです。

（注）仏教が朝鮮から入ってきたことについて、日本書紀は、仏を「蕃神《あだしくにのかみ》」すなわち「異国の神」として記しているのです。すなわち、仏を初めから「仏」ととらえるのではなく、日本の

神道に似た「神」であるとみる考え方が根底にあったのです。

この仏教については、推古天皇の摂政であった聖徳太子が、仏道を尊びつつも、神道との共存原理である「和を以て尊しと為す」という言葉で有名な十七条の憲法を定められたほか、自ら仏典の註釈書をつくられるほどの崇仏論者であり、ここで漸く我が国の仏教は軌道に乗ることになったのです。ただし、それは仏教が日本にしっかり定着するために、日本固有の神祇信仰（神様を拝む信仰）とどう向き合っていかなければならないかの歴史の始まりだったのです。

2　神道と仏教の歴史的歩み

(1)　神仏習合の歴史

日本に伝来し、普及し始めた仏教は、早くも、奈良時代頃から「神仏習合」という信仰体系に取り入れられて、神と仏を共に信ずるという日本独自の展開が始まり、仏教は神道化し、神道は仏教化していったのです。また、平安時代の末期には、仏教の立場をより強固なものとする「本地垂迹《すいじゃく》説」（日本の神は、仏が本（本地）であって、仏が民衆を救済するために日本に来て、神となって現れる（垂迹）という思想）が本格的に展開し始めたのです。(注) こうして、仏教は、幸いにも神道と平和的に共存しつつ、日本の国土に定着することとなったのです。

（注）なお、南北朝時代以後の一時期、神道からの巻き返しがあり、我が国の神が本地身であり、仏教の仏が垂迹身であるという「反本地垂迹説」が盛んになったこともありました。

その後、神道と仏教が激しく対立したのは、明治に入ってからのことです。幕藩体制を破って新しい政治を始めた明治維新政府は、祭政一致を政治の基本理念とし、宗教についても、神仏習合の姿を改めて神道を仏教の上において新しい国教すなわち「国家神道」をつくろうとしたのです。そして、早々と明治初年には、神社から仏教的色彩を排除し、天皇を頂点に頂く神道が「大教」の名で全国民に布教されました。そして、政府の神仏分離の方針に呼応して、一時期、民衆の間から廃仏毀釈《はいぶつきしゃく》の運動が盛り上がり、寺院の破壊や仏像、経典、仏具などの焼き払いが広まりました。しかし、廃仏毀釈の嵐は、明治5～6年には静まったのです。

こうして、明治初年から昭和20年の敗戦に至るまでの期間、いわば土俗神道の上に「国家神道」が置かれることになったのです。これは明治政府の意思であり、神道の歴史において特異な時期でした。そして、この「国家神道」は日本人の感覚に合わないものであったため、昭和20年の敗戦によって「国家神道」が否定され、解体された際には、土俗神道には何の影響も残していなかったのです。それどころか、「国家神道」の消滅によって、元の神道本来の姿が戻り、土俗的な神道行事に参加する人々の数は、戦後、かえって増加したといわれています。また、これによって神と仏を共に拝む信仰形態も、以前にも増して強く存続しているのです。

(2) 神仏習合の実態
―日本人の信仰の姿―

前述したように、「神仏習合」とは、神(神道)と仏(仏教)という二つの宗教を同時に信じるということで、日本人の信仰として、すでに奈良時代以降厳然として存在し、今日まで受け継がれてきているのです。

日本人の宗教は、このように神と仏という二つの異なる宗教を何の矛盾もなく同時に取り入れ、同時に信仰できるのです。すなわち、日本人は宗教的に極めて包容性があり、二つの宗教を同時に信仰できるという重層性をもっているのです。このような信仰の姿が、日本人の宗教なのです。(注)

(注)「宗教」という言葉は、キリスト教を念頭に置いた英語の religion の翻訳語ですが、私たち日本人にとっては、むしろ「信仰」あるいは「信仰心」という言葉で受け止めた方がふさわしい場合が多いと思われます。

ところで、二つの宗教を同時に信仰できるためには、二つの宗教の間で争いが生じないことが極めて大切なことですが、神道と仏教の間には、それを生じさせないさまざまな好条件が整っているのです。そのうち、最も大きいのは、現在では、人々にとってこの二つの宗教は互いに全く異次元の救い(御利益《ごりやく》)。基本的には、神道は「この世」での救い、仏教は「あの世」での救い)を持っていると理解されていることによるもので、むしろ一般の日本人にとっては、両者を同時に信仰することは、ごく自然の成り行きであるといってよいのではないでしょうか。

もう一つつけ加えますと、それは古くから「自然」に対する感覚（見方）に共通性があるということです。神道の見方については前述しました（98頁、105頁参照）が、例えば仏教の「天台教学」では、自然に存在するものすべてに仏性があると考えており、更に拡大して、この世に存在するすべてのもの（例えば、生あるものは、それは山も川も、そしてすべての草木に至るまで）に仏になる素質があると教えている(注)のです。前述した神道の考え方との共通性には、驚くばかりではありませんか。

（注）例えば、前者については、「一切衆生　悉有仏性《しつうぶっしょう》」という言葉に、後者については、「草木国土　悉皆成仏《しっかいじょうぶつ》」という言葉に表されています。

3　日本人にとっての神道と仏教

(1)　神道と日本人

神道は、仏教とは異なり、特定の民族や国民だけが信仰しているいわゆる「民族宗教」に属しています。すなわち、日本人の宗教であり、日本民族の宗教です。自然への信仰が基礎にあり、多神教で、古くから人々の生活と共にあった、いわば土俗的な宗教です。

したがって、他のどのような宗教とも交わっていく性質があり、仏教との習合については、前述したとおりです。

この民族宗教といわれるものの特色としては、①自然発生的に成立したもの、②特定の教祖がなく、また、教義もないこと、(注)③教義よりも、祭祀や儀礼が重視されることなどが挙げられています。そして、神道は、現実世界(この世)を中心とした御利益《ごりやく》をもたらす宗教として大切にされているのです。

(注)このことが、他の宗教に寛容な理由となっているとともに、逆に自身の求心力という点では弱いのです。

ところで、日本の各地域で生活している人々と、その地元にある神社との間には、かつての氏神と氏子のような濃密な関係はありません。ただ、ある地域の「住民」(神道以外の信者は除く)は、その地域を管轄する神社(いわゆる氏神様。全国で8万4,860か所。114頁の『宗教年鑑』による。)によって、日々、平穏と幸せを祈願されながら、それぞれの氏神様の氏子とみなされているのです(注1)(注2)(国の統計でも、そのように取り扱われています。）。

なお、日本「国民」全体の日々の安泰については、国家の繁栄と共に、天皇が、毎朝、伊勢神宮に祈願されています（１５２頁参照）。

こうして、極めて多くの日本国民は、本人の認識あるいは自覚のある、なしにかかわらず、今日でも、神道とは切っても切れない関係で結ばれているのです。

（注１）日本人は、通常、日常生活を送っている地域にある神社の氏子（信者）とみなされているのですが、日本人中、こうして取り扱われている神道系の信者数は、次の通りです（文化庁編『宗教年鑑』（平成29年度版））。
なお、ここで、仏教系その他の宗教系の信者数も併せて掲載しておきます。

神道系	８４，７３９，６９９人（46・5％）
仏教系	８７，７０２，０６９人（48・1％）
キリスト教系	１，９１４，１９６人（1・1％）
諸教	７，９１０，４４０人（4・3％）
総数	１８２，２６６，４０４人（１００・０％）

（注2）地域住民が、当該地域にある神社から氏子とみなされていることについては、日本人の一般的な国民感情から判断して、「迷惑だ、やめてほしい」と考える人よりも、「そう扱ってもらってかまわない」または「それでよい」と考える人の方が圧倒的に多いのではないでしょうか。

なお、一般の人々は、日常、普通の願い事（例えば、自分や家族の健康、病気の治癒、家内安全、仕事の成功、商売繁盛、交通安全等）をするため、（神社の当局者例えば神主とは関係なく）随時、神社を訪れ、お賽銭を投げ入れ、気軽に祈願するという習慣が定着しています。

その中で特筆すべきことは、毎年、正月には御来光を仰ぎ、手を合わせて年の初めの祈りをささげるほか、正月の三が日に、その一年間の願い事をするため、家族そろって各神社を訪れる初詣《はつもうで》の人々の数が、このところ毎年、およそ3，000万人は下らない（警察庁調べ）といわれ、また、一つの神社でも全国最高といわれている明治神宮には、300万人以上の人々が参拝しているのです。そのほか全国のいくつかの有名な神社にも、それぞれ100万人～200万人を超える参拝者が訪れています。イスラム教のあのメッカへの巡礼者は、近年でも毎年８００万人程度と聞いており、日本で初詣をする人々の数の多さは驚異的なものなのです。

このほか、神道独自のものや神道と仏教とが、混淆（入り混じって一つになること）したものの行事あるいは習俗としては、年間を通して、次のようにさまざまなものがあり、人々はこれらを自ら行ったり、あるいは参加したり、見学したりして、神道との結びつきは、一年中絶えることなく保たれているのです。

神道		神仏混淆
五節句	その他	
正月7日（人日、七草粥）	1月1日（門松）	2月3日　節分
3月3日（上巳、ひな祭り）	11月15日（七五三）	春分の日（春のお彼岸）
5月5日（端午、鯉幟）	随時（地鎮祭）	7月13～16日　お盆（関東） 8月13～16日　お盆（関西）
7月7日（七夕、葉竹に短冊）		秋分の日（秋のお彼岸）
9月9日（重陽、菊の節句）		12月31日　除夜の鐘 ～1月1日　初詣

なお、年に一回の各地域の神社のお祭には、人々は家族や仲間たちと一緒に参加し、そこで常日頃の神のご加護に感謝しつつ、何か普段とは異なる心の引き締まった氏神様との独特の結びつきを確かめる一日となっているのです。特に、各地でそれぞれ独自性を強めたおみこし（御神体が安置されている）が、若者たちに担がれて地域を巡回し、その際、独特の高揚した雰囲気に包まれ、参加者と神との一体感、結びつきは最高潮に達するのです。

このように、日本人が、地域のお祭などに熱を入れているところから、日本人は非常に宗教的な伝統や行事を熱心に守る民族であるといわれていますが、その実状は、単に伝統を踏襲しようという意識からというよりも、日本人の心の奥深くにある宗教的心情から自ずと出てくるという方が素直なとらえ方ではないでしょうか。

(2) 仏教と日本人

仏教は、日本のほか、民族の枠を越えてアジアを中心に広がっている「世界宗教」です。純粋な世界宗教としては、仏教のほか、キリスト教とイスラム教があり、これらは併せて「世界三大宗教」といわれています。世界宗教は、民族や国籍を超えた個人が救済の対象とされているのです。

ところで、仏教はインドで生まれたのですが、日本の仏教は「インド仏教」そのものではありません。インドから中央アジアを通って、中国、朝鮮へと伝わった後、日本へ入ってきたのですが、この間、中国で儒教、道教と折衷され、「中国仏教」として日本に伝わってきたのです。日本に入った仏教の内容の構成割合は、次のようになっていたのではないかと推察されています。(注)

1割　インド仏教　(輪廻転生、仏への信仰)
2割　道　　教　(現世利益の祈祷、不老長生)
7割　儒　　教　(葬儀、墓、先祖供養、招魂再生)

(注)加地伸行編著『日本は『神の国』ではないのですか』(小学館)から転載

ここで、日本に入った仏教の役割の変遷の大要を説明しますと、元々、人の生き方を中心に説いていた「インド仏教」は、前述したような要素が加わった「中国仏教」として日本に入ってきたのです。その日本では、もっぱら支配者の道具として、国家の安泰を祈る国家仏教としての役割を担わされ、この伝統は奈良、平安、鎌倉そして江戸時代まで続いたのです。ただし、この間、平安末期から鎌倉初期にかけて、法然（浄土宗）とその弟子親鸞（浄土真宗）が、念仏を唱えて極楽浄土に往生できることを一般民衆に説き、その後の普及をみたことは、特筆すべきことでした（そのため、この二人は、「僧尼令《そうにりょう》」（当時、僧侶が布教のため民衆に接触すると処罰されることになっていました。）に違反したとして流罪になったのです。）。

また、江戸時代には、お寺は幕府から檀家制度(注)をつくり（キリスト教防止対策）、そして檀家の人々の葬儀をすることを命じられたのです。こうして日本仏教は、しだいに前述した儒教的要素を中心に取り入れた宗教となり、お寺で生きている人間を相手にすることは、次第になくなっていったのです。なお、明治新政府は、神道中心で、仏教にはほとんど関心を示さなくなったのです。

こうして、現在の仏教は、もっぱら死者が僧侶の唱える読経の御利益《ごりやく》を受けつつ、あの世で修業を積んで「仏」となるための教えとして存在しているといってよいのではないでしょうか。

（注）檀家とは、元は一定の寺に属し、布施をして寺の財政を助ける家として始まったのですが、しだいに、一定の寺に墓地を持ち、葬儀、法要などの折、その施主となる家というような実態を持つものとして定着していったのです。

なお、神道の場合、個人的に普通の願い事をする場合には、神社の当局者・神主と接触することはないのですが、仏教では、通常、家庭に死者が出たとき、お寺側（全国で7万7,168か所、114頁の『宗教年鑑』による。）との接触が始まります。例えば、葬儀（一回）と法事（年周忌が、いく年かごとに設けられています。）には、お寺の僧侶のお世話になりますので、神道の場合とは異なり、人々とお寺側との間にはある種の結びつきが生じているのです。

神道では、新年の初詣にものすごい数の人々がそれぞれの神社に参拝すると述べましたが、仏教の方でこれに相当するのは、死者の祭祀の一種である8月の「お盆」(注)（人は死んでもその霊は遠くには行かず、故郷の山々から子孫を見守っているという信仰があり、このとき、その霊が家に帰るといわれています。）です。そして、たいていの日本人は、どこに住んでいようと、少なくとも年一回のこの機会には故郷に帰り、家族そろって、一族の墓に花を飾り、祈りをささげるという習慣が、いわば民族的行事の一つとして、健全に続いています。

また、「春・秋のお彼岸」の墓参りについても、相当多くの家族連れの人々の動きがごく自然に見られます。日本人はこれらの機会を通じて、先祖の人たちとの心の交流を、親から子供へと絶えることなく引き継いできているのです。こうして、日本人は最も先祖の祭を重んずる民族であるとして、広く世界に知られているのです。

（注）お盆すなわち死者の魂を迎えるのは、元は神道の行事であったといわれていますが、近年では、その行事がもっぱらお寺（お墓がある）で行われているため、仏教の行事として受け止められています。神仏習合の立場からはごく自然なことではないでしょうか。

（関連）

「私は宗教を持っていません」という日本人の持つ意識は正しいか

以上のような、宗教的な歴史と環境（神社やお寺との結びつき）の中にありながら、日本人の多く（ある調査では、国民のおよそ7割）が、「私は宗教を持っていません」と考えていることを、どう理解したらよいのでしょうか。

確かに、日本人は神道、仏教の信者となることや、とりわけ神社との関係では、義務的に行わなければならないことは何もありません。また、一般の日本人で、特定の神に対する信仰心を持っている人は少なく、したがって、日本人はどの神社に対してでも、いつでも気軽に、困ったときの神頼みができるのです。

更に、日本人の多くは、神道を大切にしながら、亡くなるとほとんどの人たちはお寺から戒名を受けるというように、一つの宗教に縛られていないのです。(注) これが日本人の宗教あるいは神に対する平均的な感覚・行動ではないでしょうか。多くの日本人はこのようなことをとらえて、「私は宗教（特定の神）を持っていません」と答えているものと思われます。

（注）かつては、このような点をとらえて外国の人々（一神教信者）から、日本人の宗教感覚はいい加減で無責任（ルーズ）だと批判されることがあったのですが、日本人の東日本

大震災への対応ぶり等もあって、最近では、日本の宗教は包容力のある信頼のできる宗教であると考えられるようになってきているのではないでしょうか（93頁の（注）を参照）。

なお、私たちは、3の⑴の「神道と日本人」、⑵の「仏教と日本人」（112～117頁）のところで述べているような神社やお寺の一つひとつの行事や習俗に、日常、さまざまな程度でかかわりを持ち、したがって、少し誇張して言えば、全体として「日本の心」とその中核にある「宗教的心情」が絶えず育まれ、維持される環境の中で生活を送っているのです。言い換えますと、日本人は、神道（神社）や仏教（お寺）との義務的な結びつきはなくても、普段から「宗教的心情」を、誰から強制されることなく自然に、しかし、しっかりと身につく環境の中で生活しているのです。

更に言えば、日本人の生活の周りには、宗教を意識しないで知らず知らずに神々が祀られ（例えば、最近はさまざまな事情から少なくなってはいますが、家々には神棚や仏壇があり、また、「家内安全」や「交通安全」の神社のお札《ふだ》やお守りが家庭や車の中に飾られ、また、お地蔵様《じぞう》（町中《まちなか》）や道祖神《どうそじん》（山道）が、ひっそりと人々の生活や安全を守っています。）、宗教が生活の中に融け込んでいるとさえいえるのです。

日本人の宗教ないしは宗教的心情をこのように見てきますと、日本人は正確には、「無宗教」なのではなく、「無意識的・信仰心（宗教的心情）」を持っているというべきではないでしょうか。したがって、日本人にとっては、人と宗教との関係は、その人がどの宗教の信者であるかということよりも、その人が「常日頃」どのような宗教的環境の中で、どのような宗教的心情を身につけているか、そして「いざ」というとき、人間としてどのような行動ができるかということの方が、ずっと大切なのです。この点から言えば、日本人は自分たちの宗教（というより信仰心（宗教的心情（注））にもっと自信を持ち、誇りを持ってよいのではないでしょうか。

（注）このように、日本人には、民族単位のものと考えられがちな「宗教」について尋ねるよりも、一人ひとりの「信仰心」（宗教的心情）について尋ねる方がふさわしい回答が得られるのではないでしょうか。

第四節　比類のない天皇制度
―天皇のあり方の変遷―

ここでは、まず、ヤマト王権が、そして「天皇」がいつどのように誕生したのか、そして、天皇の役割、性格がどのように変遷して現在の天皇があるのか、天皇の歴史について説明します。

次に、類稀な天皇制度について説明し、日本の天皇が歴史的・伝統的にいかに貴重な存在であるか、そして「祈る天皇」「民の父母」として、日本民族のためどんなに大切な役割を果たしてこられたかを具体的に明らかにします。

そして、しめくくりに、天皇の日本国のそして日本国民統合の象徴としての活動について触れ、天皇（皇室）が日本国民のまとまりの中心として、いつまでも守り続けられるべき大切な存在であることを説明します。

なお、歴史的に天皇の交代に伴い、「改元」(注)（例えば「平成」から「令和」へ）が行われ、人々の心が改まる仕組みは、日本独特の素晴らしい文化なのです。

（注）元号については、米軍占領下の昭和25年、参議院の有力議員を中心に、元号を廃止して西暦に一本化することについてGHQに伺いを立てた際、「構わないが、西暦はキリスト生誕起原であり、これを公式に採用すれば、日本国憲法の「政教分離」違反だという声が出てくる恐れがある」との本質を見抜いた指摘を受け、この動きは急にしぼんだという事実が確認されています（所功氏の月刊 Hanada 6月号（平成31年4月発売）の論文）。

1 天皇の歴史

日本列島には、歴史的には、今からおよそ1，700年前（注）（古墳時代、西暦4世紀初頭（300年代の初め））に、ヤマト地方（今の奈良県三輪山の西麓一体）に、皇室の先祖となるヤマト（倭）王権が誕生したと考えられています。そして、その王権がしだいに勢力を拡大して、統一政権である大和朝廷（大王）に成長し、7世紀後半には、国名を倭国から「日本」に、大王を「天皇」に改めたのです。

（注）神話・歴史書である「古事記」と「日本書紀」の神代の物語は、民衆に広く信じられていた伝承等を材料として書かれたものですが、天皇の起源については不確かなまま、

讖緯説《しんいせつ》（中国古代の予言説）に基づいて、推古天皇の9年から、1，260年前（紀元前660年）を初代神武天皇の即位の年と定めているのです。

(1) ヤマト（倭）政権の成立以前の歴史

中国の史書「魏志」（倭人伝）(注1)によりますと、3世紀の初め頃、日本列島の倭国(注2)では、豪族同士の抗争を通じて、統一王権としての「倭王」が形成される途上にあったのです。それによりますと、239年、和の女王卑弥呼《ひみこ》は魏の皇帝に朝貢し、皇帝から「親魏倭王」に任じられ、その権威を借りながら勢力の拡大を図っていったとされています。

邪馬台国《やまたいこく》の卑弥呼は、250年の直前に死去し、その後を台与《とよ》という若い女王が継ぎ、次いで王となった男王が晋王朝に朝貢して爵命を受けたという記録が残っていますが、残念ながら、邪馬台国や卑弥呼、そしてその跡を継いだ人物たちと前述した4世紀初めに成立したヤマト王権との関係は、明らかではありません。

他方、奈良県桜井市の三輪山近くにある纒向《まきむく》遺跡は、3世紀初め頃には、少なくともこの地域に、王権の基盤が芽生え始めていたことを示しているのです。

（注1）中国には、これより古く「漢書」（地理誌）や「後漢書」（東夷伝《とういでん》）に、それぞれ、紀元前1世紀頃と西暦57年頃の倭国の状況を記した史書が現存するのですが、その内容の紹介は割愛します。

（注2）古代の日本について、「倭」が「ヤマト」を指す言葉として用いられていたのは、中国や朝鮮では古くから我が国土を「倭地《わち》」（「倭」には従順という意味があります。）と呼び、その住人を「倭人《わじん》」と称していたこと、また、我が国土における最初の文字使用者が、朝鮮半島や中国から渡来した人たちであったことによるのではないかと考えられています。

(2) ヤマト（倭）王権の成立・発展の歴史
—「王」から「大王」そして「天皇」の誕生まで—

① 崇神天皇（第10代）
—ヤマト王権最初の王（推定）—

記・紀で述べている第10代崇神天皇は、[注1] 4世紀初めのヤマト王権[注2]（倭王権）の実在した最初の倭王ではないかと考えられています。記・紀いずれにおいても、崇神天皇は「ハ

ツクニ　シラス　スメラ　ミコト」すなわち「初めて国を治めた天皇」という称号を付されているからです。その上、記・紀には崇神天皇（それ以降の天皇を含めて）に関しては、それ以前の第2代から第9代までの天皇とは異なり、系譜とともに、その事績（例えば、「四道将軍」の各地への派遣に関するものなど。この時期には、ヤマト王権が新しい地域に領域を拡大させたことが、考古学資料等からも確認できるのです。）や行動が記されているのです。[注3]なお、崇神天皇は、三輪山の神を崇め、三輪山のほど近くに宮を置いたとされています。

（注1）「崇神」や以下に述べる「雄略」「天武」等の奈良時代までの漢字二文字の天皇の名前は、奈良時代後半に、淡海三船《おうみのみふね》によって、初代の「神武」以下の諸天皇の名前がまとめて選定されたときのもので、実際にそう名乗っていたわけではありません。

（注2）ヤマト王権（倭王権）は、前述したヤマトの地で誕生したと考えられていますが、それが列島の覇者となるにつれ、ヤマトという言葉も、今の奈良県に当たる大和全体、更には倭国すなわち日本全体を意味するようになります。なお、ヤマトには、最初「倭」があ

てられ、奈良時代には「大倭」と記すようになり、8世紀中頃からは「大和」と書くことが一般化したのです。

（注3）崇神天皇の在位年代は、その在位が歴史上ほぼ確実な応神天皇（第15代、4世紀末～5世紀初め）の5代前であることからも、4世紀初め頃と推定されているのです。

② 雄略天皇（第21代）
―「治天下大王」の登場―

中国の史書「宋書」（倭国伝）によりますと、5世紀に、倭の五王（讃、珍、済、興、武）は続けて宋に朝貢し、「官爵」を授かり、国内諸豪族に自らの権威づけを図ろうとしていました。ところが、最後の倭王武（雄略天皇）の代になって、列島の支配を安定的に行うことができるようになったほか、朝鮮半島の各国との外交関係においても主導権を示せるようになって、中国王朝と決別し、独自の「天下」的世界の王としての道を歩み始めたのです。

雄略天皇の自らの「天下」への志向を示すものとして、「ワカタケル」大王（雄略天皇）を「治天下大王」と刻んだ鉄剣と鉄刀が、それぞれ、埼玉県（東の国）と熊本県（西の国）で発掘されています。

こうして、6世紀以降には、倭の「大王」は、「大王」を皇帝レベルへ上昇させる「天」と「日」の思想をしだいに芽生えさせていったのです。

③　天武天皇（第40代）
―「天皇」の称号と「日本」という国号の確定―

「天」と「日」の思想の高揚は、貴族から民衆まで多くの人々を巻き込んだ古代史上最大の内乱である壬申の乱（672年）を、的確な情勢判断と迅速な行動力によって制圧し、カリスマ性をもって現れた天武天皇によって決定的となりました。天武は、「天下」を平定し、それまでの伝統的な権威とは質的に異なった、新しい神的権威を有する君主として迎えられたのです。

万葉集には、壬申の乱平定後の生存中の天武について、「大王は神にしませば……」と神格化しつつ、君主としての偉業をたたえる歌がよまれていますが、柿本人麻呂は、没した後の天武天皇について、天から地へ下った神（神の命《みこと》）として神格化し、回顧しています。

こうして、「天皇」（注）という称号は、天武天皇を指す尊称として用いられ、その没後の持統朝で制定された浄御原令（６８９年）において、君主号として法制化されているのです。

（注）天皇という称号は、朝鮮半島の各国の「王」よりは格が上で、中国の皇帝に準じるという意味が込められているのです。そして、天皇の「天」は、天の神すなわち天照大神の子孫であることを意味しており、いわばその神性の由来を明示したものです。また、天皇の「皇」は、中国の皇帝に通じるものがあると解されていたと思われます。

なお、その際、天皇号の制定と同時に、中国の王朝にならって「皇后」と「皇太子」の称号と地位も決められていることからも、「天皇」という制度が確立したのは、天武・持統朝であると考えてよいのではないでしょうか。（注）

（注）天皇号は、少なくとも天智朝（第38代）までさかのぼり、推古朝（第33代）説も成立の可能性が残されているという説もあるのですが、単に「天皇」の文字が使われた形跡があるというだけでなく、「古代天皇制の成立」を総体としてみた場合、天武・持統朝が最も重要ではないでしょうか。

また、天武朝には天照大神の重要性がにわかに高まり、「天」と「日」のイデオロギーが組織的に鼓吹されるとともに、国家意識の高まりに伴い、日本独自の歴史と文化を確立するため、「古事記」、「日本書紀」の編さんの開始など王権神話の体系化が始められた時代で、天皇が「天つ日嗣《ひつぎ》」と呼ばれるようになったのも、この時代からであったろうと言われています。

なお、天武朝では、「天皇」の称号とともに、「日本」という国号も用いられ始めたと言われていますが、これらは後に、併せて大宝律令（701年）で成文化されています。「日本」という国号は、「日」を国号の中心に据えることに主眼があり、「日」とは天照大神のことで、その子孫である「日の御子」の統治する国、そして日の神の「本」（土台）すなわち真下にある国という意味で「日本」という国号が定められたと考えられています。

(3) その後の天皇の歴史
―天皇の神仏への傾倒と「天皇不親政」の定着―

古来、千数百年にわたり連綿として続いている天皇制、しかしそれは全期間を通じて同じ形（例えば、「天皇親政」）のまま存続してきたわけではありません。(注) そこで、天武天皇誕生後の歴史について、その神仏への接触の深まりと、その後の天皇の「権威」と「権力」に対する姿勢の変化を中心に概説します。

（注）前述した雄略天皇から天武天皇の間にある飛鳥時代には、相当長期間（仏教公伝の頃～大化改新の頃）にわたって、天皇家の外戚（母方の親戚）となった「蘇我氏」が政権を担当し、いわゆる天皇は「君臨すれども統治せず」の時期があったのです。

平安時代後期は、それまでの律令制支配体制の崩壊により、天皇や朝廷には、新しい国家の統治の核としての権能が求められるようになっていました。

　こうしたさ中、国の東西で朝廷に反抗し、貴族社会を震撼させた承平・天慶の乱（９３６年、９３９年）が相次いで発生したのに対し、朝廷は武力に加え、神仏の威力に期待し、平定祈願のため伊勢神宮[注]をはじめ、全国の諸神を総動員して国難に対処したのです。そして、乱が鎮圧された後、神々の威光は増し、神々が王権を支える重要な要素として浮上し、諸祭祀が急速に整備されていったのです。

　天皇は以前にも増して諸神を直接司ることで、神々により権威化された天皇へと大きく変わり、神秘性・宗教性を帯びた天皇となって、古代とは異なる新たな天皇制秩序が形成されていったのです。

（注）天皇は9世紀後半から、毎朝、御座所である清涼殿から「伊勢神宮」を神拝される（神として拝む）ことになったといわれています。そして、天照大神は、天皇が唯一親拝（天皇自らが参拝）される神となり、他の神とは隔絶した地位が確立していったのです。

　こうした時代の流れを背景として、平安時代後期には、天皇家の外戚となった藤原氏の藤原道長を頂点とする「摂関政治」と白河院から始まる「院政」が続くのです。その中で、藤原道長は、神々によって権威化された天皇の存在を前提としつつ、「仏教」による新たな護国秩序(注)の構築を目指して活動し、それが院の権力によって完成したのです。こうして、天皇・院・摂関は、神々と共に仏教をも利用して、国家の安泰を保持することに努めたのです（118～119頁参照）。

(注) このころまでの仏教は、「仏になるための教え」という本来の思想性には目を向けず、仏教がもっている呪力に重点が置かれ、それを使って国家の繁栄を祈るという役割を担わされていたのです。

このような中で、「王権」を院・天皇と摂関の三者で担いつつ、「国政」も院・天皇・摂関が運営するという仕組み、すなわち「権威」と「権力」を分けつつ、これらが補完し合うという関係が生まれていったのです。そして、この権威と権力の相互補完関係は、その直後に始まった武家政権（源頼朝が鎌倉幕府を開いたのは1192年）と天皇との関係に受け継がれ、天皇は神的、宗教的「権威」を担い、その天皇から征夷大将軍に任命された武士が幕府を開いて「政権」を担当するという政治構造が出来上がり、徳川幕府が天皇に大政奉還（１８６７年）するまで続いたのです。

こうして、政治的実権が朝廷から完全に切り離され、「天皇不親政」の原則が確立したのです。(注)

(注) なお、武家政権が成立して政治的実権が朝廷から完全に切り離された後にも、途中、「建武中興」と呼ばれる、後醍醐天皇による直接政治の期間が、わずか3年ばかりの間ですが生じていました。

(4) 歴史的に未曾有の事態に直面した天皇制度

１８６０年代の後半、欧米諸外国の圧力によって、我が国は開国を余儀なくされた中、徳川幕府が終えんを迎えたこと、また、１９４５年（昭和20年）、外国との戦争で、国家として初めての敗戦の経験をしたこと、これら二つの日本国家としての未曾有の事態の中で、新たな国家体制づくりと天皇制度がそれぞれどうなったのかを概説します。

①　明治維新

―大日本帝国憲法と皇室典範の制定―

慶応3年（1867年）、徳川幕府の大政奉還を受けて、朝廷は、明治元年（1868年、「慶応」を「明治」と改元）、「王政復古」の大号令を出し、新政府の基本方針を定めた「五箇条御誓文」を発布し、「江戸」を「東京」に改めたのです。そして、明治2年（1869年）には、東京遷都が行われました。

江戸時代の藩は、それぞれ主権をもった「国」であり、幕府はこれらをまとめたいわば連合政府というべきものでしたが、明治4年、まず「廃藩置県」が行われ、全国が政府の直轄となり、中央集権体制の基礎が確立したのです。各府県には政府から任命された知事・県令が派遣され、旧藩主は地位を退くことになったのです。

そして、明治18年（1885年）、「内閣」制度が発足し、明治22年「大日本帝国憲法」と皇室典範が発布（施行は明治23年）され、ここに、天皇の地位、権能や皇室制度が、はじめて法によって明記されたのです。

国の政治のあり方を簡潔に言いますと、「天皇主権」の下に、政治的実権は政府と軍の統帥部が担い、天皇は権威を保持するという従来からの「天皇不親政」の原則は、実

質的に変化がなかったのです。(注)

(注) 大日本帝国憲法の下では、天皇は「元首」とされ、統治権を総攬し、陸海軍を統帥することとされていましたが、この憲法下で確立された慣行によりますと、政府と軍の統帥部が決定した国策については、天皇はこれを却下する権能を有しないこととされ、実際の運用に当たっても、天皇が政府と軍の統帥部の決定事項を覆された事例は一度もありません。

なお、このことと直接の関係はありませんが、明治政府は、日本帝国の基礎をしっかりと固めるため、国民の心を一つにまとめる必要があるとし、欧米諸国のキリストを念頭に、明治天皇を「現人神《あらひとがみ》」として祀り上げたのです。

「現人神」とは、神は身を隠されるのを常とされ、明治天皇も人の姿となってこの世に現れた神であるという思想です。

② 昭和の敗戦
―日本国憲法の制定―

昭和20年の日本の敗戦は、日本という国にとって、これまで経験したことのない歴史的に最大の出来事でした。そして、天皇制度については、天皇個人についても、皇室にとっても厳しい存続の危機に直面したのです。すなわち連合国軍のいくつかの有力な国々や、アメリカ政府の国務省の中にも、天皇の退位と天皇を戦争犯罪人の被告として裁くことを求める意見があったのです。

しかし、幸運にも、マッカーサー連合国軍最高司令官は、直接対面した昭和天皇の日本国と日本国民を思う心の深さと自分の身の処し方のいさぎよさに心を打たれ、前述したような最悪の事態は避けられたのです。

そして、昭和21年、大日本帝国憲法を全面改正（その手続については、217頁参照）して、「天皇主権」を「国民主権」へと変更し、天皇を日本国と日本国民統合の「象徴」と位置づける「日本国憲法」が制定されました。

新憲法では、当然のことながら、天皇の職務に関する規定(注)も大きく変わりましたが、この新憲法の下でも、「天皇不親政」の原則はそのまま維持されているのです。

（注）新憲法では、天皇は「この憲法の定める国事に関する行為のみを行ひ、国政に関する権能を有しない」（第4条）とされ、しかも「国事に関するすべての行為には、内閣の助

言と承認を必要とし……」（第3条）と定めつつ、いくつかの国事行為が具体的に定められています（第6条、第7条）。

2　類稀な天皇制度

(1)　他の君主国との違い

①　世界最大の君主国

現在、世界の大多数の国は、「君主」のいない共和国になっています。20世紀の間に、君主国離れが進み、現在では30か国前後、しかも極めて小規模の国が多いのです。

その中で、人口が5，000万人を超えるのは、日本以外では、タイ（約6，200万人）とイギリス（約5，800万人）だけで、人口が1億人を超える大きな国では、君主国は日本だけなのです。すなわち、日本（約1億3，000万人）は、現在、「世界最大の君主国」なのです。

②　世界最古の君主国

単に世界最古の国といえば、例えば、中国、ペルシア、エジプト、インドなどには、それぞれ3，000年前から5，000年前にかけて成立した王国がありましたが、これらはいずれも遠い昔に滅びて今はありません。

これに対して日本では、前述した（128頁参照）とおり、歴史的に確かなこととして、およそ1，700年前すなわち4世紀（300年代）の初めに、ヤマト王権が誕生し、これが現在の皇室の祖先として、その後一度も王権（天皇）が絶えることなく、すなわち王朝が交替することなく継続しているのです。

この点について、タイに関していえば、タイ国は18世紀後半に誕生し、まだ200数十年の歴史しかありません。これに対してイギリスは、現在の王室の先祖が1066年に英国を征服したといわれており、それから950年ばかり経過していますが、この間、例えば1649年にピューリタン革命を経験し、しばらくの間共和制を経験しているほか、1688年の名誉革命など、王朝の変更が一度ならず行われています。これらの国と比べてみても、日本が「世界最古の君主国」であるということは、並々ならぬ重みと意義があることを理解することができるのです。

③ 共和制を経験していない君主国

ヨーロッパの君主国は、これまで、それぞれ途中で共和国時代を経験しています。少し古い君主国では、一たび戦争に負けますと、君主制が廃止され、君主が処刑されたり、国外逃亡という結末を迎えるのが常でした。

そこで、建国以来、共和制を経験したことのなかった君主国の日本が、昭和20年8月、アメリカを中心とした連合国軍に敗れ、アメリカ軍による占領を受けたにもかかわらず、今日の君主国日本としての姿があるのはどのような事情があったのか、大切な問題ですので少し詳しく説明します。

戦争の最終段階で、連合国軍は日本が敗戦を迎えるための条件として、ポツダム宣言（以下、「宣言」という。）を受諾することを求めてきました。これに対して我が国は、「天皇の地位の保障」すなわち「国体の護持」を、宣言を受諾する唯一の条件と決めていました。しかし、日本側の懸命な努力にもかかわらず、それが曖昧なまま、昭和20年8月14日、宣言を受諾するかどうか決める御前会議が開かれました。席上、陸海軍人を中心に、前述した条件が明確でない限り反対との強硬な意見が出され、会議の帰趨が定まらない中、昭和天皇は「これ以上戦争を続けることは無理だと考える」（詳細は、155頁参照）と述べられ、「国体の護持」ができるかどうか、不明のまま宣言を受諾することが決まったのです。

その後、日本占領のため、連合国軍最高司令官としてのマッカーサーが日本に着任し、執務を開始し始めた9月6日、アメリカ政府はマッカーサーに、宣言の適用方針として、「天皇及び日本国政府の国家統治の権限は、連合国軍最高司令官としての貴官に従属する」旨の指示をしてきたのです。こうして、日本が君主国として残れるかどうか、天皇個人をどう遇するかについては、すべてマッカーサー最高司令官の判断にまかされることになったのです。

マッカーサー最高司令官は、一軍人として、戦争末期に示した軍人を含む日本国民の天皇に対する心のつながりとその深さ、忠誠心のものすごさを知っていました。また、後述するように、天皇と一対一で会談し、一人の人間として天皇の勇気と責任感、そしてどの日本人よりも民主的な考え方をしっかり身につけておられたことに心を打たれたのです。そこで、マッカーサーは、自分が日本における占領政策を確実に遂行する上で、得策であることなどから、ソ連、イギリスのほか、アメリカ本国の天皇・皇室の廃止等の要請をきっぱりとしりぞけました。(注)

こうして日本は、未曽有の国難に際し、君主制を保つことができたのです。

(注) ソ連等がマッカーサーに提出した最初の戦犯リストには、昭和天皇が筆頭に記されていたのです。

なお、敗戦後しばらくたった9月27日、天皇はマッカーサーを訪問され、次のように述べられました。「私は、国民が戦争遂行に当たって、政治、軍事両面で行ったすべての決定と行動に対する全責任を負う者として、私自身をあなたの代表する諸国の裁決にゆだねるため、お訪ねした。」

これを聞いたマッカーサーは、死を伴うほどの責任を引き受けようとするこの勇気に満ちた態度に骨の髄まで揺さぶられ、その瞬間、目の前にいる天皇が、個人の資格においても日本の最上の紳士であることを感じとったと告白しています(『マッカーサー大戦回顧録』(中央公論新社))。

(2) 他国の君主との違い

① 神話と接続した君主

いわゆる「三種の神器」は、天照大神から授かった「瓊瓊杵尊《ににぎのみこと》」(天照大神の孫)によって、高天原から地上にもたらされ、歴代天皇によって宮中に祀られてきたと語られています。そして、日本書紀によれば、崇神天皇が天照大神の勢いを恐れ、八咫《やた》の鏡を宮の外に祀ることにしたと記述されています。ここには、4世紀の初め、歴史上最初の王(天皇)として存在したとされている崇神天皇のときに、すでに「三種の神器」が宮の中に確かに祀られていたことが示されているのです。そして、5、6世紀にも、王位の象徴とされたこの「三種の神器」が、歴代天皇の即位式(注)の際、次の王に引き継がれていたと記述されています。

(注) 古代において、大王と群臣(畿内豪族)を結びつけていたのは、神話伝承や氏族系譜であったこともあって、大王の即位儀礼は、天孫降臨をこの世で再現するある種の神話劇として行われなければならなかったのです。

なお、畿内政権の大王が、律令国家の天皇に転換した後の即位儀礼においても、形式はやや簡略化されていますが、8世紀に定められた「養老神祇令」には、鏡と剣が天皇に献上されることが明記されています（なお、中世以後、これに勾玉《まがたま》を加えて、名実ともに「三種の神器」(注1)と総称されるようになったのです）。この「三種の神器」とされるものが、千数百年にわたって、常に、天皇とともにあり続けたということは、驚くべきことではないでしょうか。

また、天皇は、一泊以上の行幸をされる場合は、今でも、専用列車にも、宿泊先にも、これらの神器を「動座」されているのです。(注2)

（注1）北畠親房は、「神皇正統記」において、三種の神器は、神勅によって三つの徳（「鏡」は正義、「玉」は慈悲、「剣」は智恵）の本源を表すものであると記しています。

（注2）1185年（文治元年）、源平最後の「壇ノ浦の合戦」で、平氏の血を受け継いだ満6歳の安徳天皇（第81代）は入水崩御され、三種の神器も海中に没したのです。徹底した

捜査の結果、鏡と勾玉は回収され、どうしても見つからなかった剣は、後に、伊勢神宮の剣の中から一つ選ばれ、それが三種の神器の剣として宮中に祀られるようになったといわれています。

皇位継承では、この「三種の神器」を継承することが重要な位置を占めているのであり、日本の皇室は、神話の世界(神代)と現在が直接結ばれたまさに稀有の存在なのです。

② 「万世一系」の君主

記・紀に書かれた初代神武天皇の神話から引き継がれた第9代までの天皇の系譜と、歴史的に存在が初めて推定されている第10代崇神天皇から始まるヤマト王権の系統との関連づけは、ここでは措くとして、少なくとも、崇神天皇から始まる天皇の系譜は、およそ1,700年にわたって一つの血筋を保って連綿と受け継がれてきたと考えられています。「万世一系」とは、永遠に他の血筋にとって代わられず、同一の系統が続くことなのです。そして、他の血筋とは、「外の男子の血」ということです。(注) 皇位が「神の系譜」として伝わっていることから、外の血を入れないことが守り続けられているのです。そして、古代の日本で、皇室だけ近親婚が多かったのは、「外の血は入れられない」ということが、最大の理由であったと考えられています。

（注）日本の場合、女系天皇になると、「万世一系」ではなくなるのです。過去には女性天皇があった（古代には六天皇、８代。徳川時代には二天皇）ことからも、この問題は単なる男女平等の問題ではないのです。

しかし、長い歴史の中で、皇室は決して常に安泰で、平穏無事に過ごせたわけではありません。皇室内外からの権力闘争に巻き込まれ、いく度となく危機に遭遇していますが、奇跡的にすべてを乗り越えて今日の姿があるのです。（注）

（注）例えば、臣下に殺害された天皇の例としては、安康天皇（第20代）と崇峻天皇（第32代）があり、また、室町幕府第３代将軍足利義満は、次男義嗣《つぐ》のため、皇位簒《さん》奪を企んでいたといわれています。

ところで、「万世一系」が貫けた理由については、通常、天皇は古代の豪族や貴族については「外戚」の地位を認めることで、また、中世の武家には「征夷大将軍」に任じて「幕府」を開かせることによって、これら実力者の政治権力への参加と権力掌握に対する願望に適切に対処（いわゆるガス抜き）されていたこと、そしてこれらのことを通じて、歴代の天皇は政治の権力はもたず、権威だけはしっかり維持する体制を守り続けてこられたからであるという説明が行われています。（注）

（注）ただ、天皇にとって代わる、皇室を廃止して別の政権・制度をつくるというような動きがほとんどなかったことから、次の見方も成り立つのではないでしょうか。

すなわち、記・紀神話はすでに7世紀後半には生まれており、その後の豪族、貴族、そして武家の棟梁たちは、天皇そのものが神話的存在であること、また、歴代の天皇は、国家や一般民衆の危機に際しては、「祈る天皇」、あるいは「民の父母」としての献身的な心遣いと行動を示しておられること（152頁参照）等を知っており、したがって、このような天皇に背くことは、人としての道に外れるばかりか、大きな天罰を受けるおそれがあるという意識も生まれていたのではないかと指摘する人もいるのです。

こういった信仰心にも似た深い思いが、天皇の存在につながっていたとすれば、天皇は「神に守られた存在」であったといえるような面もあったのではないでしょうか。

③　姓を持たない君主

我が国の場合、歴史が始まって以来、「姓」は基本的には大王（天皇）に仕えることになったそれぞれの豪族等の始祖が、初めて王権に奉仕することになった際、大王から賜与されたものと考えられています。

後の律令制下においても、賜姓、改姓の権限は、天皇のみにあったのです。したがって、大王（天皇）と王族（皇族）が姓をもっていないのは、常に姓を与える側であり続けたからなのです。このことは、4世紀初めにヤマト王権が始まって以来、まったく王朝の交代がなかったことを意味しているのです。これは、大王・天皇権力の重要な特色の一つであり、日本の天皇だけは、世界で姓を持たない唯一の君主なのです。

④　祈る君主

天皇は、遠い昔から、世俗的な政治権力者ではなく、むしろ祭事（政《まつりごと》）の中心的な存在として、一般民衆（国民）に臨まれてきたのです。すなわち、日本人の心と日本文化の伝統の中心的な存在であったのです。

現在の憲法には、天皇が行われる行為として、任命権（内閣総理大臣と最高裁判所長官）といくつかの国事行為が列記されていますが、こういった行為のほとんどは、いわば形式的、儀礼的行為です。これを見て天皇の仕事は、これらの決められた国事行為と様々な式典への出席だけであると考えてしまいがちですが、実は、天皇が最も全身全霊を傾けて務めておられるのは、「皇室祭祀」なのです。

皇室祭祀には、大祭（天皇自ら祭典を行われる祭祀）、小祭（掌典長が祭典を行い、天皇皇族は拝示される祭祀）、自祭（毎月1日、11日、21日に天皇だけが宮中三殿を参拝）があり、このほかに臨時の大祭、小祭、式年祭が入ることもあり、一年中お祭りの連続といってよい状況なのです。しかも、すべて厳粛な神事であり、身を清め、装束に着替えての参拝となるのです。この他、9世紀後半からの慣行として、天皇は毎朝、御座所である清涼殿から伊勢神宮を遥拝されており、行幸先でも同様です。

天皇は祈る君主として、天皇の代々の先祖を祀っておられるのですが、ご先祖を祀られることがすなわち国家の繁栄と国民の安泰を祈ることに直結しており、天皇の祈りにはご自分のため、あるいは皇室のためという「私」はないのです。

（祈る君主の歴史的実例）

国や一般民衆（国民）の生存（生命、安全等）が危機に陥ったとき、昔から、天皇は「祈る天皇」あるいは「民の父母」として献身的な行動と心配りによって、さまざまな困難を乗り切り、人々の心をいやしてこられました。以下、古代から今日まで、それぞれの困難な状況に立ち向かわれた際の天皇の言動の代表例を簡潔に例示します。

なお、日本書紀の仁徳天皇（第16代）の巻には、例の有名なエピソードが記載されていますが、天皇は、また、「其《そ》れ天の君を立つるは、是百姓《おおみたから》の為なり。然れば君は、百姓を以て本《もと》とす」と言われたと記されており、この天皇が民を「おおみたから」として重んじるという伝統的な政治道徳思想（愛民、尊民）は、代々の天皇に受け継がれているのです。

①　亀山院（第90代亀山天皇の退位後）

亀山天皇の次に即位された後宇多天皇（第91代）の治世の文永11年（１２７４年）と

弘安4年（1281年）の二回、元は朝貢を拒んだ日本侵略のため、大軍をもって対馬、壱岐を攻略して北九州に上陸し、これに対して鎌倉幕府軍は敢然と立ち向かいました。そして、二回目のときは、幸いにも、すさまじい暴風雨が吹き荒れ、元の大軍はこれによって壊滅的な打撃（14万人中13万人が戦死）を受けて退散したのです。

この日本建国以来の最大の危機に際し、幼少の後宇多天皇に代わって亀山院は、伊勢神宮はじめ多くの神社に勅使を派遣して「敵国降伏」を祈願されたほか、自らも必勝祈願のため石清水八幡宮に行幸されました。このとき上皇が神宮への勅使にもたせた直筆の宣命には、自分の身に代えて国難撃壊を祈願する言葉が書かれていました。

これ以降、我が国では「神風」が日本を守ったと言い伝えられ、とりわけ先の大戦では、政府（軍部）は日本は「神の国」であるという神国思想を殊更に強調して、国民の戦意の維持・高揚を図ろうとしたのです。

② 後奈良天皇（第105代）

15世紀後半、10年間にわたる「応仁の乱」により、京都（当時の都）が焼野原となった後のいわゆる「戦国時代」に即位された後奈良天皇は、治世中の洪水、飢饉、疫病等に際しては、伊勢神宮への祈りを絶やされなかったほか、特に、天文9年（1540年）の疫病の流行に際しては、金字による自筆の「般若心経」を25か国の一《いち》の宮《みや》（各国の由緒ある信仰の厚い神社で、その国の第1位のもの）に奉納され、そのうち7か国分が現存しています。その奥書からは、次のように「祈る天皇」とともに「民の父母」である との自覚の強さがうかがわれます。

「今年の天下大疫で万民が多く死亡した。朕は、民の父母として徳が十分でなかったことに甚だ心が痛む。密かに般若心経を金字に写し、これを供養させる。これが疫病の妙薬となることを願う。」

③　昭和天皇（第124代）

前述したように、敗戦が濃厚となっていた昭和20年8月14日に開かれた御前会議で、軍の閣僚の多くが国体護持（天皇の地位の保証）を明記していないポツダム宣言に反対し、戦争続行の意見を出し、会議が行き詰まっていたとき、天皇は、「祈る天皇」「民の父母」として、大要、次のように述べて戦争終結へと導かれたのです。

「私は、……これ以上戦争を続けることは無理だと考える。……自分はいかになろうとも、万民の生命を助けたい。……この上戦争を続けては、結局、我が国がまったく焦土となり、万民にこれ以上苦悩をなめさせることは私として実に忍び難い。祖先の霊にもお応えできない。……この際、耐えがたきを耐え、忍びがたきを忍び、一致協力、将来の回復に向けて立ち直りたいと思う。……私としてなすべきことがあれば何でもいいとわない。……」

3 今上天皇について

(1) 天皇自らの「象徴」についての理解

現在の天皇は、皇太子の時代に「象徴天皇制」について、次のように述べておられます。

「日本の皇室は、長い歴史を通じて、政治を動かしてきた時期が極めて短いということが特徴であり、外国にはない例ではないかと思います。政治から離れた立場で国民の苦しみに心を寄せたという過去の天皇の話は、象徴という言葉で表すのにもっともふさわしいあり方ではないかと思います[注]。」

また、国と国民の統合の象徴であることから、憲法に明記された国事行為以外にも、何らかの果たす役割があると考えていると述べておられます。

（注）小泉信三氏（元慶応義塾長）は、かつて、今上天皇の中学生時代からの教育掛として、新憲法下の天皇（皇室）のあり方として、「民心融和の中心」として、人の「疾苦《しっく》」（悩み、苦しみ）への思いと、「忠恕《ちゅうじょ》」（真心と思いやり）の大切さを説かれていました。

(2) 天皇の「象徴」としての具体的活動

今上天皇は、象徴天皇制についての前述した理解に基づいて、象徴天皇が実際にどうあるべきかについて、自ら考え、それを実践してこられました。そして、昭和天皇は「人間」宣言をされましたが、今上天皇はそれを実地に行動で示され、国民との距離を一層縮めておられます。

すなわち、その具体的な現れとして、一つは自然災害等が発生した場合の被災者への慰問であり、いま一つは先の大戦の激戦地（太平洋の島々）で亡くなった戦死者への慰霊です。特に前者については、避難所で床に膝をついて一人ひとりに話しかけておられる姿をしばしばテレビで拝見する機会がありますが、そのお姿は、あたかも自分の当然のつとめであるかのように自然で、しかも、誰に対しても分けへだてなく、親愛の情が込められており、それは、多くの国民の目には、国民の象徴として誠にふさわしい姿として映っていると思われます。

そして、これらの姿は、前述した歴代の天皇から連綿と引き継がれてきた「いかなるときでも国民と共にある」「喜びも悲しみも国民と共に分かち合う」というお心づかいの最も素直な現れではないでしょうか。

4 しめくくり

―日本人にとって「天皇」とは―

私たちにとって、「人間宣言」をされた「天皇」とは一体、どんな「人間」と考えればよいのでしょうか。ごく常識的に考えれば、私たちとは、生まれ、生活環境、そして日常果たしておられる役目の違いがあること、そしてまた、天皇という地位には、歴史的、神秘的（宗教的）な重みがあることなどから、普通の人間にはない、どことなく敬うべき品格を備えた人間性がつくられているといえるのではないでしょうか。

この後段の部分をもう少し具体的に考えてみますと、天皇は、自ら、次のような立場にあることを自然に感じとりながら、日々を過ごしておられるのではないでしょうか。

・天皇の地位は、万世一系であり、国の中心であるという歴史が、千数百年にわたって続いているという重みがあり、天皇は民族の永続の象徴であること。

・天皇は「常に国民と共にある」という古《いにしえ》から引き継がれている思いを大切に持ち続けておられること。

・天皇の祈りには「私」はなく、ご先祖への祈りがすなわち「国の繁栄」「国民の安泰」に直結しているという祀りを、日々、続けておられること。

このような生活を送っておられることから、天皇には、普通の人間にはない世俗性を超越した何か敬うべきもの、あるいは尊いものが自ずと備わってくるのではないでしょうか。

天皇をこのように見てきますと、昭和天皇と今上天皇との間には、基本的なことについては全く同じものを感じますが、その間には、微妙な差があるのではないでしょうか。例えば、昭和天皇は相当の期間、ご自分が望まれたわけではなく政府、軍部によって「現人神《あらひとがみ》」という立場におられたことから、「人間宣言」をされてからも、何か堅く、近寄りがたい風格を備えておられたように思われます。

これに対して今上天皇は、象徴天皇の意味を自ら深く考え、国民との距離をご自分の方から積極的に縮めようと努められ、実際にも、前述したように象徴天皇としての役割を立派に果たしておられます。

そして、国民は、天皇をかつてのように過剰にほめたたえることもなく、このような姿の象徴天皇を素直に、心から歓迎しており、今後の天皇はいつまでもこうあってほしいと願っているのではないでしょうか。

なお、後述（第七節）するように、日本に帰化された人も、日本民族が永遠に守っていくべき三つのものの一つに皇室（日本の伝統文化を守っていくコア的なもの）をあげ、これがなくなったら、日本は確実に日本ではなくなると思うと述べておられます。

第五節　「白人絶対」の時代の終息
―日本が係わった近代の歴史から学ぶ―

はじめに

有色人種が、白人と同じ普通の人間として見られていない時代に、日本は近代国家として誕生しました。特定の国の植民地にはならなかったものの、欧米先進諸国から不平等条約を押しつけられ、欧米（白人）の文明国とは本質的に違った存在として出発したのです。（注）すなわち、我が国は建前としての独立国であるに過ぎなかったのです。そこで、近代国家としての誕生以来、世界に向かって真の独立と人種平等を主張し続けることになったのです。以下、三つの事例を通じて、この点についての我が国の努力とその成果について説明します。

（注）１８５８年（安政５年）、幕府が欧米５か国（米、英、仏、露、蘭）と通商条約を結び、正式な国交をもったのですが、このとき日本は「関税自主権」がないこと、「治外法権」

を認めたことの二つの不利な条項を押しつけられました。憲法も法律もないいわば未成熟な国として扱われたため、その後明治政府は、憲法を制定して日本が法治国家であることを認めさせるための懸命な努力を続けたのです。

1　日露戦争とその勝利がもたらしたもの
―アジア民族等の覚醒―

我が国は近代国家としての出発以来、自らの独立を維持するためにも、隣国朝鮮の独立を心から願っていたのです。ところが、この朝鮮の独立（当時、清国は朝鮮を自国の「属国」として扱っていたのです。）をめぐって清国との間にトラブルが生じ、日露戦争開戦のちょうど10年前、日清戦争（１８９４～１８９５）が始まりました。日本はこの戦争に勝利し、「下関条約」を結んで「遼東半島」の割譲等を受けたのですが、その直後にロシアはドイツ、フランスと共に、日本が遼東半島を所有することは「極東の平和の妨げとなる」と勧告し、半島領有の放棄（いわゆる「三国干渉」）を迫り、日本は大変残念ながら（このとき国中が騒然とした中で、明治天皇は「遼東還付の勅語」を出して、国民の怒りをいさめられたのです。）、これを受け入れざるをえなかったのです。

ところが、それから3年後、ロシアは遼東半島の南部にある大連と旅順を清から租借し、旅順を軍港として整備を進めたほか、大軍を擁して満州全土を占領し、朝鮮半島への進出をうかがっていました。前述したように、かねてより日本の政府内部では、朝鮮半島はアジア大陸から「日本列島につきつけられた刃《やいば》」であり、この地が大国の支配に入れば、日本の安全と独立が決定的に危うくなると考えられていたのです。

そこで、小村寿太郎外相は、「朝鮮の保全を維持し、極東永遠の平和を保持する」ため、絶対に負けられないとの決意の下、ロシアとの戦争（１９０４～１９０５年）に踏み切りました。そして幸いにも、戦争に勝利し、朝鮮に対する日本の自由裁量権、ロシア軍の満州からの撤退、樺太南部の割譲などを勝ち取ったのです。

当時、この情報を知った世界中の人々は、近代国家の仲間入りをしたばかりの極東の有色人種の小国日本が、世界の大国ロシア帝国(注)を降伏させたとして、強い衝撃を受けたのです。

なぜなら、15世紀末頃からの大航海時代以来、白人が有色人種と戦って負けたことは一度もなく、白人は有色人種の国を次々に侵略して植民地化していたのですから、日本の勝利は、人類の歴史上初めてこれに歯止めをかけた世界史上の大事件だったのです。

（注）当時のロシアには、ナポレオンを追い返した「陸軍」と、イギリスに次ぐ大艦隊を持つ「海軍」がありました。

この後、ポーツマス条約が結ばれ、我が国としてはそれまで幕末以来の国是であった国の独立と安全が確保され、後の世界の五大国の一つに位置づけられる基礎が築かれたのです。

また、日露戦争の結果はそれにとどまらず、アジア諸国を中心とする非ヨーロッパ世界に、これまでのように白人の力は絶対ではなく、黄色人種でも一丸となって立ち向かえば決して負けないという意識の覚醒をもたらし、勇気を与えることになったのです。そして、独立と近代化こそ人種平等、民族自決の鍵であるという気運がアジア全域に広がり、その後の人類の健全な発展（植民地解放など）にとって極めて重要な基礎を築いたことを忘れてはならないのです。

ここで、この戦争が残した影響の大きさをいくつか具体的に説明します。

まず、インドのネルー首相は、「ナショナリズムは急速に東方諸国に広がり、「アジア人のアジア」の叫びが起きた。日本の勝利は、アジアにとって偉大な救いであった。」と回想しています。その後「日本に学べ」の掛け声はアジア中に響き渡り、例えば、中国、ヴェトナム等からの留学生が急増したのです。

また、その影響は東アジアにとどまらず、遠くアラブの世界にまで広がり、当時ロシアと国境を接していたトルコをはじめ、エジプト、イラン、イラク、レバノンなどでも国民を鼓舞する本が数多く出版されたのです。このように、それまで日本とは縁が薄かったイスラム教徒の人たちも、日本をアジアの盟主と仰ぐようになり、１９２１年には、イスラム教徒代表者会議が日本で開催されているのです。

ただし、これらとは真逆の反応が、白人欧米社会で現れ始めたことにも注意しなければなりません。それは、日本に対する警戒感と差別感情が入り混じった「黄禍論《こうか》」（黄色人種が勃興して、白色人種に禍害をもたらすという考え方）が、すでに日清戦争での日本勝利の際、ドイツのウィルヘルム２世によって主張され始めていたのです。

そして、日本への実害は、中国への進出に黄色人種の日本に先を越されたことに対する反発もあって、アメリカの日本への敵対政策に露骨に現れ始めたのです。(注)アメリカはそれまでは「門戸開放」「機会均等」を世界に訴えていたのですが、日本に対しては早々と日露戦争が終了した年の1905年、カリフォルニア州が日本移民にあからさまな排斥を始めたのを皮切りに、1913年「排日土地法」、そして遂に1924年には、「絶対的排日移民法」(日本人を帰化(国籍取得)に不適格な外国人に指定)と呼ばれる連邦法が定められ、アメリカは国家全体として全日本人移民を排除する方針を示したのです。

なお、後の日米開戦の遠因としては、このアメリカの日本に対する人種問題を抜きにしては語ることはできないのです(この点に関しては、次の2で昭和天皇の独白を掲載しています。)。

(注) 1905年、ポーツマス条約の結果を見越して、アメリカの鉄道王ハリマンは、日本が獲得するであろう南満州鉄道を日本と共同管理する案を持ちかけましたが、日本政府はこれを拒否しました。

また、1909年、ノックス米国務長官による南満州鉄道の中立案は、日露が反対して葬り去られました。

日本と米国の極東政策の抗争は、このときに幕を切って落とされたといわれており、アメリカ政府の対日感情の悪化、日本人の移民政策を筆頭に、対日関係の政策全般に決定的な影響を及ぼすことになったのです。

２　「人種平等」の提案
—実力がなければ、正義の実現は不可能との自覚—

第一次世界大戦（１９１４～１８年）が終わった直後の１９１９年、大戦後の国際秩序を決めるベルサイユ講和会議が開かれ、今後、二度と同様の悲惨な大戦争を起こさないため、戦勝国が中心となって国際連盟（１９２０～３３年）という初めての世界規模の国際機関がつくられました。

それまで、人種に対する苛酷な差別・迫害を受けたことのなかった日本人は、極めて幸運だったのですが、この機会にこの幸せをすべての国や民族が享受できるようにと、この設立準備会の席上、日本代表は「あらゆる人種は平等である、人は人種によって差別されない」との意見を述べつつ、連盟の規約の中に「一切の人種差別に反対する」旨の条項を入れるよう提案しました。(注1)そして、日本の希望通り行われた採決の結果は、日本の提案に賛成11、反対5（アメリカ、イギリス等、当時、原住民、先住民対策で苦労していた国々）であったにもかかわらず、また、それまで、他のすべての案件は多数決で決定されていたにもかかわらず、議長であったウィルソン米国大統領は、「事が重大なので、全員一致でない限りは否決されたものとする」と宣言し、この提案は葬り去られたのです。(注2)

（注1）この提案は、いろいろな国の事情から今すぐ実施するのではなく、「理念」として掲げるという趣旨だったのです。

（注2）1917年には、ワシントンはセパレート・シティとなっており、バスや電車のほか、学校など公共施設も、まだ、白人用と有色人種用の二つに区画されていたのです。

このとき、日本は、欧米諸国が力の信奉者であり、「実力をつけなければ正義は実現しない」ということを、しっかりと教えられたのです。歴史の裏側には、日本人によるこのような人類の歩みを先取りしようとする前向きな活動があったことを、ぜひ記憶にとどめておいていただきたいと思います。

なお、この件があった後、アメリカの排日運動は一層徹底し、前述したように、大正13年（1924年）、遂に、前述したアメリカの「排日移民法」が成立したのです(注)。このことは、それまで親米的であった新渡戸稲造や内村鑑三等の知識人をさえ怒らせたほか、あの穏やかな昭和天皇が、アメリカの日本人移民拒否に関して、次のような感懐を述べておられたことを付言しておきます。

「日本の主張した人種平等案は、列国の容認する処とならず、黄白の差別感は依然残存し、加州（カリフォルニア州）移民拒否の如きは日本国民を憤慨させるに十分なものである。」（「昭和天皇独白録」）

（注）アメリカにおいて、「公民権法」が成立するのは1964年、国連で「人種差別撤廃条約」が成立するのは1965年です。日本の提案を否決してから45年後に、漸くアメリカ国内での人種平等は理念的に認められたのです。

（参考）

歴史的に見た欧米の白人（キリスト教徒）の人種差別の感覚について

近世の大航海時代（15世紀末頃以降）に入りますと、それまでヨーロッパ人が見たことも聞いたこともない変わった顔つきや皮膚の色をした、しかも衣服もろくに身につけていない「人間」が、新大陸をはじめ世界各地で発見されました。当時、それが果たして人間なのか動物なのかをめぐって、白人・キリスト教徒の間では大論争が巻き起こったのです。それは、もし、人間に似た生物が「動物」であるならば、牛や馬と同様に働かせてよいのですが、万一、「人間」ならば、霊魂《れいこん》があるとして布教の対象とし、キリスト教をこの地に広めることが可能であると考えられたからなのです。

そして、アフリカや各地の植民地の原住民たちが、完全な人間といえるかどうかをめぐって、当時の一流の知識人の間でも、さまざまな珍説が展開されたのです。例えば、三権分立の思想を初めて世に問うたフランスの大法学者モンテスキューは、あの有名な著書「法の精神」（1748年）の中で、アフリカ人について、「英知に富んだ神が、こんなにも真っ黒な体の中に魂をそれも善良な魂を宿らせたとは考えにくい」と、劣等人間であると位置づけていたのです。

当時のヨーロッパの白人たちは、アフリカの黒人やアメリカ大陸の原住民が、彼ら白人とは違った一段と動物に近い劣った存在（劣等人間）であるとみなし、当たり前のこととして、それにふさわしい取り扱いをしてきたのです。そして、この感覚は、黄色人種を含めて近年でも、白人たちの間ではそれぞれ深浅の差はあっても、一般に差別意識として持たれ、時には実践されていることを理解しておくことは大切なことなのです。(注)

(注) 例えば、会田雄次氏は、『アーロン収容所』という本の中で、先の大戦中、捕虜の雑役として英軍士官室を掃除中、その部屋の女性士官が彼の目の前で裸になって着替え始めたこと、そしてその女性が日本人を含めてアジア人を犬か鶏か家畜並みに思っているので、裸を見られても羞恥心が働かないのだと記述されています。

なお、人種、肌の色等による人間どうしの間の差別意識は、人間としての理性からではなく、動物としての本能的、感覚的な違和感から生まれるものと思われますから、すべての人間にそれをなくすことを求めるのは、なかなか困難なことと思われます。しかし、あきらめずに一歩一歩追い求めるべき人類の永遠の課題ではないでしょうか。

3　大東亜戦争・太平洋戦争
―植民地解放の直接のきっかけ―

20世紀の半ば以降、アジア、アフリカの多数の国々が、植民地から解放されましたが、それがどのような背景・事情によって実現したのか、まず、欧米諸国（植民地をもっていたいわゆる旧「宗主国」）、植民地とされていたアジア諸国、そして日本の三者について、それぞれの立場を説明します。

○　まず、旧宗主国は、植民地を失う原因をつくった日本の行為を許し難い侵略行為として糾弾（戦後のいわゆる「東京裁判」での言動）していました。したがって、決して人道主義に目覚め、植民地を持つことが悪いことと考えていたわけではなく、(注)最後には、独立を求める現地の人々の武力による反抗を抑えることができず、また、国際世論の高まりもあって、放棄せざるを得なかったのです。

（注）なお、これまで植民地をもった経験のある国で、そのことに関して遺憾の意を表明し、賠償金を支払った国は、朝鮮を併合した日本を除いてありません。

○次に、解放された国々では、植民地から解放されたいという願いを持ち続け、機会が到来すれば武力によってでもそれを実現したいと考えていました。したがって、後述するように、途中からではありますが、アジアの解放を目的として戦っている日本が、自分たちの国の解放のきっかけをつくってくれると信じて期待していたと思われます。

○最後に、日本は、①近代国家としての出発当初から、終始一貫、自国の真の独立と人種平等を求め、世界に訴え続けていました。②日露戦争の結果は、アジア諸国等の指導者層に国家の自立について強いメッセージを送ることができました。③また、１９１９年、国際連盟の準備総会で、世界各国に「人種平等」を求める提案をし、多くの国々の賛同を得ました。④更に、大東亜戦争・太平洋戦争を遂行中の１９４３年（昭和18年）秋、東亜諸民族の欧米列強の桎梏《しっこく》からの解放を宣言し、戦いを続けました。(注) ⑤そして、１９４５年8月15日、連合国に降伏し、大東亜戦争・太平洋戦争は終了しました。

(注) 大東亜戦争・太平洋戦争の緒戦での日本軍の勝利（マレー、シンガポールなどイギリスが支配していた地域で次々とイギリス軍を打ち破ったこと）が、結局、イギリス、フラ

ンス、オランダといった西欧列強のアジアからの撤退をもたらすきっかけとなったと考えられています。

以上のような状況と背景があって、各国の植民地からの解放と独立は、正式には、日本が降伏した1945年8月15日以降、各国ごとに、宗主国とのさまざまな経緯（武力による抵抗を含む。）を経て、最終的にはそれぞれの宗主国との交渉によって実現したのです。

こうして20世紀後半には、それまでほぼ全世界をおおっていた欧米列強の植民地は、地球上からほとんど姿を消したのです。[注1]このいわば歴史の大転換は、多くの識者が見ているように、大東亜戦争・太平洋戦争が直接のきっかけをつくっていることは間違いないのですが、前述した日本のそれまでのさまざまな活躍も、直接、間接に影響を及ぼしていることも忘れてはなりません。こうした人類の歴史に残る大きな事業が、最終的には戦争[注2]という大きな犠牲を伴う強い力をぶつけなければ決して実現できなかったことに深く思いを致しつつ、日本の果たした役割を正しく評価したいものです。

（注1）アフリカ諸国については、アジア地域より少し遅れて、昭和35年（1960年）12月14日、アフリカ植民地に独立を与える宣言が発表されました。

（注2）この戦争の目的、大義名分が、具体的にいつ、どのようにしてつくられていったかについては、次の「（関連）大東亜会議について」で説明しています。

なお、イギリスの歴史家アーノルド・トインビーは、先の大戦終了後11年経過した1956年、ある雑誌に、日本が行ったこの戦争に、西欧列強の植民地政策への抵抗の意味が含まれているのをみて、次のような一文を残しています。

「日本は、第二次世界大戦において、自国のためでなく、大東亜共栄圏の他の国々のために思わぬ恩恵をもたらした。……日本人が歴史に残した功績の意義は、西洋人以外の人種の面前において、アジアとアフリカを支配してきた西洋人が、過去200年の間に言われていたような不敗の神ではないことを明らかにしたことである。」

また、ある別の歴史家は、端的に、「日本は戦争には負けたが、アジアにおける西欧諸国の終焉を早め、目的は果たした」と述べています。

（関連）
大東亜会議について
―「東亜の解放」の宣言―

大東亜戦争では、日本が米英に宣戦を布告した開戦の詔勅（天皇のお言葉）には、この戦争が決して「侵略のための戦争」ではなく、あくまでも「自衛のための戦争」であることを強調したい余り「自存自衛、生き残りをかける」という開戦の動機が示されただけで、戦争遂行の目的・大義名分は不明確なままだったのです。

そして、「東亜諸民族を欧米列強の桎梏《しっこく》から解き放つ」という戦争の目的は、昭和18年の秋、開戦から2年近く経って、東京で開かれた「大東亜会議」の席上、時の首相東条英機が行った演説の中で、初めて表明されたのです。

当時、日本軍によって解放されていた占領地域の各国の首脳や代表（全部で7か国）を集めたこの大東亜会議は、戦争開始翌年の半ばに外相となった経験豊富な重光葵《まもる》の強い要請によって開かれました。重光は、このような大きな戦争を行う理由が、開戦の詔勅に示されている日本の「自存自衛」のためという日本一国の国益のためだけでは、余りにも説得力が弱く、不十分であり、長年（インドネシアは３００年）の欧米諸国の圧政と搾取の重圧にあえぐ東亜諸民族を白人の手から解放するというもっと大きな普遍性のある戦争目的をぜひ付加すべきであると訴えていたのです。

「アジアの解放」という戦争目的は、確かに出し遅れた感を抱かせます。しかし、我が国が以前から「人種差別」反対を主張してきたことは、世界中の心ある人々には周知の事実であったこと、また、国内にも欧米列強の圧迫が続いているアジア諸民族に対する強い連帯感から、「アジアを白人の手から解放しよう」と叫んでいる人たちが多数いたことからも、国際的にも国内的にも、何ら問題とはならなかったのです。

第六節　日本は、世界八大文明の一つ
―一国で一文明を構成―

はじめに（歴史的沿革）

イギリスの文明史家トインビー（1889～1975年）とアメリカの国際政治学者ハンチントン（1927～2008年）の二人は、期せずして、現在の世界にはそれぞれの独自性を持った七つないしは八つの文明があるとし、その中の一つに日本文明を含めていることについては、共通しているのです。

ハンチントンが、現在から将来にかけての世界文明として指摘した八大文明とは、具体的にいえば西欧（キリスト教）文明、ロシア正教会文明、イスラム文明、ヒンズー文明、中華文明、中南米ラテン・アメリカ文明、アフリカ文明、そして日本文明です。

ハンチントンは、日本固有の文明が中国文明から派生したのは、西暦100年ないし400年の頃としていますが、それは前述したように、我が国に、現在の天皇の先祖に

よって統一されたヤマト王権（倭王権）が着実に力をつけ始めた頃（倭の五王の初めの頃。130頁参照）に該当しています。

他方、トインビーは、各文明が併存している状況は、西暦660年から750年頃に各々の境界がはっきり決まって以後、あまり大きく変わっていないと指摘しています。この頃、世界史的にはイスラム教圏とキリスト教圏、そしてイスラム圏と中華文明圏とが対決した後、それぞれ境界が定まっており、その後の大きな変化としては、ヨーロッパから南北アメリカ大陸に移民があったことであるとされています。

なお、この頃の我が国は、天智天皇（第38代）から聖武天皇（第45代）の時代で、この間の天武天皇（第40代、在位673〜689年）の時代には、「天皇」という名称と「日本」という国名が定まり、また、国史（記・紀）の編修に着手するなど、日本という国が名実共に確実な歩みを始めることになったのです。

（一国一文明が認められている理由）

このように、世界を国別とか地域別によるだけでなく、文明圏という単位でみることの重要性が指摘されているのですが、日本は、たくまずして二人の優れた権威のある学者によって、小さいながらも一国だけで完結した独自性を持った世界の文明圏の一つとして認められたのです。(注1)

それには、独立した島国で、日本民族が縄文時代から自然を愛し、自然との一体感を抱きつつ生活を営み、自然の中に自分たちの神を見出しそれを崇《あが》めてきたこと、また、古代から中国、朝鮮と交流を重ねながらも、民族の同質性と自立心の強さ(注2)から、自国に好ましい文物・制度等を選択的に取り入れ、徳川時代までは、それらを「土着の伝統・文化(注3)」と巧みに融合させ、自らの文化をつくり上げてきたことが基礎になっていると思われます。

なお、明治に入り、日本の近代化は二つの改革（明治維新と米軍の占領に伴うもの）によって実現した（前者によって「大日本帝国憲法」を制定し、天皇中心の中央集権国家をつくり、後者によって「日本国憲法」を制定し、国民主権の民主主義国家を成立させた。）のですが、これらはいずれも欧米文化の進んだところは取り入れながら、さまざまな伝統文化（日本的価値観、行動規範、生活様式、人間関係等）を守り、あるいは、そのよきものは残すという精神と努力があって、日本の古来からの独自性を維持することができたのです。

（注1）ここで「文明圏」とは、文化的特色を持った一つの地域（国）のまとまりと解しています。なお、ハンチントンは「国々を文化的に最も大きく類別するものが「文明」である」と述べています。

（注2）5世紀後半、倭の五王のうち最後の倭王武（雄略天皇）の代になって、前述したように、我が国は中国の王朝と訣別し、独自の「天下」的世界の王としての道を歩み始めました。
そして、聖徳太子は607年、小野妹子を遣隋使として隋に派遣し、中国からの「冊封」を受けないことをその後の対中外交の基本方針とする親書を手渡したのです。この推古朝の対隋外交は、新しい対中外交の出発点となり、唐以後の中国との交流のあり方にも引き継がれたのです。

なお、鎌倉時代に前述した元と戦った文永・弘安の役は、元のフビライが我が国に求めてきた入貢を拒絶したことから始まったのです。

（注3）ここでいう「土着の伝統文化」には、縄文時代の人々の間に自然に対する信頼感から生み出された「自然と調和し、自然と共に生きる」心情、また、自然に聖なるものを感じる「自然信仰」から発展した神道（習俗的なもので、多神教）、そして神話と結びついた万世一系の天皇が民族のまとまりの中核として存在していることなどが含まれています。

1　これまでの状況
—近代国家成立後150年の歩み（実績）—

前述したように、日本は一国一文明の国と認められているのですから、この地位をしっかり守ることが大切です。そのためには、まず何よりも、日本という国を確実に存続させること（注1）、そして、国民一人ひとりがこの地位（使命）をしっかり自覚しなければなりません。その上で、今後も、地球上のすべての人々のため、我が国は適時適切な情報を世界に向かって発信すること（注2）（注3）が期待されているのではないでしょうか。

（注1）この点について、ハンチントンは「中国と日本とアメリカにおける三国の相互関係こそ、東アジアの政治の核心である。」「東アジアの将来の平和と幸福は、日本と中国が共

に生き、共に進む道を見つけることにかかっている。」と指摘しています。

（注２）国際政治学者であるハンチントンは、『文明の衝突と21世紀の日本』の中では、前述した八つの「文明」のそれぞれを、文化的まとまりを持った一つの政治的地域（国）としてとらえ、それぞれの存続・発展の将来を見通すという面に重点が置かれ、それぞれが今後、人類のための精神的・文化的価値を発信する「主体」として機能するという面については触れていません。

この節では、このあと、もっぱら後者の面からの説明を続けます。

（注３）我が国が発信する情報は、国の枠を超えて国際的に普及し、その情報・価値観が各国に共有されてはじめて世界を動かす力となるのです。

ところで、我が国が明確な国家意識を持って国際社会に仲間入りして、今年でちょうど150年を迎えているのですが、実はこの間、我が国は世界に向かって見事な情報を発信し続け、一国一文明の役割（存在の意義）を見事に果たしてきたのです。

すなわち、我が国は前述したように、長い歴史を通じてつくり上げた独自の文化を基礎にして生み出した世界のどの国（文明）も持ったことのない独自の利他的精神から、近年、さまざまな活動を展開し、広く人間社会の進歩と幸せのため、我が国ならではの貢献をしてきたことは、第五節で詳しく述べましたが、ここでそれを簡潔にまとめますと、次の通りです。

○ 20世紀の冒頭、朝鮮の独立ひいては日本と東アジアの安定のために戦った日露戦争（1904〜05年）の勝利（有色人種が初めて白人との戦争に勝った）は、結果的にアジアの国々を中心（中近東諸国を含む）に、白人の力は絶対ではなく、「アジア人のアジア」の意識を芽生えさせたこと。

○ 国際連盟の発足（1919年）に当たり、連盟規約の中に「人種平等」に関する規定を入れることを提案し、世界中に大きな衝撃を与えたこと。

このときは否決されましたが、この思想は、各国内部の調整の必要もあって、46年後に、国際連合で「人種差別撤廃条約」（1965年）として結実したのです。

○ 大東亜戦争・太平洋戦争（1941〜45年）において、「東亜諸民族を白人の手から解放する」という戦争目的を掲げて戦い、自らは敗れたものの、その後、世界の多くの国々が、植民地から解放されたこと。

○なお、19世紀末に、朝鮮の独立を目指して戦った日清戦争（1894～95年）の勝利により、中国の周辺諸国への中華主義に基づいた華夷秩序の破壊をもたらしたことも、これらに準じて考えてよいのではないでしょうか。

以上、20世紀の100年間を振り返ってみますと、日本人の発想と行動により、人類にとって白人絶対の時代を終わらせ、人種平等の理念を国際社会にしだいに定着させるきっかけをつくったことなどは、日本人として、もっと誇りに思ってよいのではないでしょうか。

2　今後の展望
―日本は、これから何を発信するのか―

近年、世界中の人々は、人智のすばらしさ（宇宙開発、人工知能、通信技術の発展等）に引き続き夢と希望を抱くとともに、逆に不安と限界を感じ始めています。また、相変わらず、宗教の問題を含めさまざまな利害の不一致あるいは「自国第一主義」の立場等から国家間の争いが絶えず、人々は精神の不安定な状態が続いています。

ところで、数年前の東日本大震災の際、それまでに日本人について少々の知見を備えていた欧米の人たちの中には、あのときの被災地の日本人の行動を見て、それが単に正しかったとか、穏やかであったというレベルを超えた、日本人の「自然」に対する向き合い方（それはこれまでの欧米人にはないもの）から生まれる日本人の生き方そのものに根差しているのではないかと考え始めた人々もいると伝え聞いています。

こういったこともあるため、世界中の人々が、お互いに自分たちの今まで知らない他の地域や国からの情報を得て、自分たちのものの考え方、生活のあり方を見直し、よりよい生活をすることができるようになれば、誠にすばらしいことではないでしょうか。

そこで、ここには、私のささやかな読書体験の中から、日本の心ある人たちが世界に発信したいと考えている情報のうち、基本的なものだけを思いつくままに箇条書きにして示しておきます。

○「自然」を人間と対立し、征服すべき対象と考えないこと。そして、「自然」を愛し、自然と共に生きるという考え方、生き方を尊重すること。

○人智を超えたもの（目に見えないもの、計量化できないもの等）に対する関心と敬意を持ち続けること。

○宗教の多様性と寛容性を尊重すること。すなわち、自己の宗教を尊重しつつ、他の宗教のよいところを自国の文化や生活の中に取り入れる発想と知恵を持つこと。(注)

（注）かつてローマ人は、「寛容」の精神とは、他者が最も大切にしている存在を認めることであると考えていたといわれています。

○肌の色の違いによる差別意識（とりわけ白人優位の思想）を改めて、人種平等を徹底させ、すべての国が真の「文明の国」(注)を目指すこと。

（注）西郷隆盛は、真の「文明の国」と「野蛮の国」について、「真に文明ならば、未開の国に対しては、慈愛を本とし、懇々説諭して開明に導く可きに、左はなくして、未開蒙昧の国に対する程むごく残忍の事を致し、己を利するは野蛮じゃ」（南洲翁遺訓）と述べていました。

第七節　帰化日本人からみた日本人の美点・弱点
—日本人が気づかないよいところ、悪いところは何か—

はじめに

だいぶ以前になりますが、『帰化日本人（だから解る日本人の美点・弱点）』（２００８年、李白社）というタイトルの本を読み、日本人の一人として大いに啓発されたことを思い出しました。この本では、歴史上、日本と極めて関係の深いアジアの三つの国から日本に帰化された元韓国人、中国人、台湾人の三人の方々から、日本人と日本について、さまざまな観点から大変貴重な、そして私たちの心に響く意見や感想が率直に述べられているのです。

これら三人の方々は、日本と日本人を、まず、それぞれの国において客観的に観察する機会をもたれ、その後、来日されて日本にそれぞれ相当の期間滞在され、改めて、直接自分の目、耳でありのままの日本と日本人をしっかり知る努力をされ、その上で、慎重に日本への帰化を決断されたのではないでしょうか。

そういった意味から、この本の中には、私たちが日本と日本人を知る上で、誠に得難い貴重な思いや提言のほか、実に耳の痛い直言、苦言が数多く含まれています。ここではその中から、ここまで書き進めてきたこの本の内容と関連していると思われる事項について、発言者（匿名）の発言内容をそのまま選び出し、転載させていただきました。ぜひ、全体に目を通していただき、日本と日本人を見つめ直すよい機会としていただきたいと願っています。

1　戦後日本の教育について

○『日本の戦後教育には、苦言を呈したいことがいっぱいあります。

一つは、伝統文化、伝統精神、伝統的価値観を否定するような教育はやめてもらいたいということです。そこでは愛国教育が否定されているわけですが、愛国教育とまではいかなくとも、せめて亡国教育はやめるべきだと忠告します。

もう一つは、国家否定の教育です。……世界市民というのは、確かに理想かもしれません。しかし、現実にはあり得ない存在です。誰もが、現にある国家のなかで生きているのに、国家を無視、否定するような教育はやるべきではないといいたいですね。』

○『日本の天皇と外国の王との違いがわからないわけです。――そういう学生がほとんどなんです。――もちろん、外側からの一般的な目で見た理解は大切です。しかし同時に、内側の目で見たら、天皇はイギリスの王さまとはここが違うよ、というところから、その固有性とか独自性が理解されていかないと、日本人が日本を理解したことにはなりません。』

○『私も日本の教育の問題点としては、伝統文化を教えないことを第一にあげたいと思います。次に問題としたいのは、戦前に日本はいかに悪いことをしたかという観点での教育です。おそらく、自分たちはいかに悪いことをしたかを内容とする教科書がある国は日本だけでしょう。

まだあります。それは、世の中や世界の厳しさというものを、ほとんど教えていないということです。……若い人と話をしたり、書いたものを読んでいて、世界に対してなんて甘い幻想をもっているんだろうと感じることがたびたびです。

最も典型的な幻想は、平和幻想でしょうね。もちろん、世界は平和であることが望ましい。しかし、若い人たちの間に支配的にあるのは、平和、平和と叫べば、……この世の中は平和になるという幻想なんですね。現実に平和を生み出すには何をなすべきか、関心すらないようです。要するに若者たちの大部分は、国際社会の現実認識がゼロに近く、平和という夢のなかに生きているんです。

また、若い人たちに命の大切さを教えようということが盛んにいわれますね。……ここでも、命が大切だと念仏を唱えれば、凶悪犯罪がなくなるみたいな幻想があるんですね。命の大切さとか平和とか、現実認識抜きでそんなことを教えていると、無力な国民、国際社会の困難に実際的に対応できない民族になってしまいますよ。他の国が攻めてきたらどうするんですか。この調子だと両手を上げて降伏する以外にないわけです。』

2　神道について

○『アジア的な農耕社会が形成される以前の、狩猟や漁労などの自然採集を中心とする生活形態の時代に、すでに現在の日本の国土とほぼ同じ範囲に、文化的な統一性が形づくられていたわけです。この時代の宗教性は……アニミズム的なものですね。後に神道と呼ばれるようになる宗教性は、この時代を背景にして生まれていたものです。』

○『日本では、アニミズム的、神道的なものが文化の中心部から排除されることなく、以降の文化形成に基本的な役割を果たし続けていくわけです。だからこそ、仏教は日本的な仏教となり、儒教は日本的な儒教となっていくんですね。』

○『人間社会にとって、道徳はとても大事なものです。問題は、道徳倫理の根本にある宗教的な心情のようなもの、その心を育てることだと思います。

儒教は言葉で事を解決しますが、道徳は心を育てます。……日本の伝統文化にはそういうところがあったんです。たとえば、神道にある「汚いことをしてはいけない、清らかな心でいなければならない」という心持ち、これは素晴らしい宗教的な心情だと思います。……道徳、あるいは道徳教育の根源を再建するのに最も大きな可能性は、日本的な伝統文化のなかにあると思います。』

○『神道は、……まず、非常に純だということです。実にピュアーな、アニミズムに近い純なる宗教性があります。……ただ、神道は理論的に不十分なので、仏教の思想が入ってきてこれを取り入れ、ようやく理論武装されたんですね。原始神道にあった基本的な考えがこれによっていくらか発展したわけです。

神道の核心にあるのは、「清き赤き心」といえばいいかと思います。「清き心」というのは、汚れのない、純粋な心ですね。「赤き心」というのは、あるがままの心、うそいつわりのない心、真心ということですね。そういう心のあり方や姿勢を、一番大事にしているのが神道です。』

○『私も、日本の文化、伝統、社会の根本にあるのは神道の清らかな心だと思います。それこそが、本当の意味での道徳の原点ですよ。

しかし、それだけで社会が成り立つかというと、それもまた無理な話です。清らかな心は原点ではありますが、人々が社会の中で一緒に暮らしていく以上、秩序も作らなければなりません。ですから、礼（敬意を持って決まりに従うこと―筆者注）の精神とか、仁（博愛の心を持つこと―筆者注）の道徳とか、いろいろな徳目を導入していって、それで一つの社会が全体として成り立つわけです。』

3　伝統文化と道徳について

○『東洋には、祖先信仰はありましたが、絶対的な神への信仰（例えば、欧米社会におけるキリスト教―筆者注）というものはありませんでした。それで近代以降の東洋社会に起きたことは、……伝統の崩壊だったわけです。……伝統社会の崩壊にどう向き合うかというのが、中国も、韓国も、日本も、台湾も共通して抱えている課題なんですね。』

○『たしかにそれは東洋社会の共通の課題ですね。でも、伝統社会の崩壊にはいろいろな形態があり、いろいろな程度があるわけです。この点では決して共通しているとはいえないと思います。

中国は、極端な形で自分たちの伝統を抹殺しました。日本はそうではないですね。戦前の明治、大正、昭和までの日本には、伝統的な美風や道徳が守られていました。しかし、大東亜戦争に負けてアメリカに占領されて、マッカーサーの政策で日本の伝統教育が崩壊されました。それから60年（現在では72年―筆者注）経って、日本の今があるわけです。この過程でたしかに日本の伝統社会は崩れていきましたが、中国と比べたら全然ましな面がたくさん見られますよ。

実際、……日本でも伝統的な社会や宗教はけっして死んでいませんね。地域社会というものが残っています。……日本ならばどこに行っても必ずお寺や神社があります。……まだまだ地域社会のかたちや、お寺や神社を中心とする生活があり、だからこそ社会の道徳や伝統がある程度守られている面が日本にはあります。』

○『日本では今なお、古くからのお祭がたくさん残っていて、村でも町でも盛んに行われています。形はいくらか新しくなっているでしょうが、精神的には昔ながらのものが尊重され、しっかり守られています。日本のお祭は、先ほどの韓国の極端な合理主義からいえば、極めて無駄なことになりますね。効率的に考えれば、やらないほうがいい。しかし、文化というものは、効率では測れないところに存在理由があるわけです。

日本では、誰もがそのことをよくわかっていて、お祭をはじめ伝統文化を絶やすことをとても恐れます。一時的に絶えたものでも、多くの場合、復活させています。これを無駄だといってやめてしまうから、心の潤いがない冷たい社会になり、心の拠り所を失っていくんです。

なぜ、日本では地域のお祭が盛んで、なおかつ守られてきたかというと、一つには日本の村落共同体が長い間非血縁共同体として続いてきたからです。血縁関係にない人たちと一緒に、地域の神様に感謝するお祭をやってきたので、現代の村や町でも地域のお祭として続いていきます。しかし中国や朝鮮半島の場合は、地域生活の中心が血縁関係でした。そういう伝統がありますから、血縁関係が崩れると地域社会も崩れていくしかなくなってしまうんです。』

○『キリスト教文化もそうだと思いますが、中国でも韓国でも、人間というのは放っておくと何をするかわからない存在だと考えます。そこで、ある種の宗教性に基づいて人為的な社会規律として道徳をつくっていくことが必要となります。

これに対して日本では、人間のあるがまま、自然なままの心というのは、清らかで嘘いつわりのない心なのだと考えます。そこから、仏教を受け入れ、孔子も孟子も受け入れ、老子も荘子も受け入れ、キリスト教も受け入れ、神道的な心情や自然主義的な調和思想のなかに、それらが説く道徳を次々に位置づけていきます。こうして社会秩序は保たれていきます。

何が善で何が悪か、何が正義で何が不正義かという道徳の教え以前に、日本には何が美しい心や行動で、何が醜い心や行動かという、美意識を基準にした価値観があります。これは、儒教文化、キリスト教文化、イスラム教文化にみられる、厳しい戒律や規律とはまるで違うものです。

ですから、日本では、戒律や規律を教える道徳教育ではなく、日本人の美意識をもって形成されてきた伝統文化を教えていくことが、一番かなっていると思います。私自身の体験からいっても、これは外国人にも十分通用すると思います。』

○『若者でも子供でも、何かよくないことをしたとき（カンニング、列に並ばない割り込み乗車など―この文章の前後に示されている例。筆者注）に、「そんなことをしたらあなた自身がみっともないでしょう」といえば、心のなかでは自然に醜い自分が自覚されますから、必ず効果が生まれます。悪いことだといえば、大人だってやっているじゃないかという逃げの手を防げません。ですから、美意識に訴えればいいんです。』

○『今の若者には伝統的な日本人の心が失われているとよくいわれますが、彼らの行動もまた、自己イメージの美醜に基づいたものであることに変わりはありません。いろいろ問題があることはわかりますが、全般的には心配する必要はないと私は思います。』

○『道徳のベースにある宗教的な情念、日本の神道というのは、まさに美意識から成り立っているんですね。神道の一番大事な概念は、穢《けが》れを禊《みそ》ぐこと、穢れを洗い流して清らかにすることでしょう。それはまさに美学であって善悪ではないんです。そこが根本的なところです。道徳を超えるというのではなくて、道徳の基礎をつくり上げること、それなんですよ、やらなくてはならないのは。……

　これからの日本が伝統的な日本を回復するには、日本的な美意識を取り戻すこと、日本神道を教育すること、それから、道徳教育をやっていくことだと思います。』

○『倫理道徳が崩壊していく一方で、倫理道徳を守っていこうとする反対の作用が働いていくんですね。……

　もう一つ、日本には救いがあると思うのは、皇室があることです。日本文化の継承者の精神のコア、それがずっと続いていること、このことにはものすごく重要な意義があります。もしも皇室がなくなるとしたら、これは救いの大きな柱が崩れることを意味すると思います。』

○『日本は、行き過ぎたと思ったらまた戻る、それができるんですね。それができるのは、古い時代のものを絶やさず残しているからです。韓国や中国のような革命主義の国では、古いものを平気で消してしまうんです。ですから、いつしか戻るところがなくなってしまうんです。……都会のマンションで暮らしている人でも、仏壇や神棚を設けているところは珍しくないですね。』

○『道徳教育は必要ですが、重要なことは、どういう内容の道徳を教育すべきかということですね。私の考えでは、道徳教育の復活というよりも、伝統文化を教育するほうが、道徳の面ではよりよい効果を生み出せると思います。』

○『多くの日本人は、道徳の本体は、内面から自分を律するところにあるというように考えていると思います。……ですから、……その時代、その時代の人々の生き方を知っていく教育をしていけばそこには現在に至る日本的な道徳観の伝統のようなものが見いだせるはずで、……さらにいえば、……日本の伝統文化を教えていくことが大切ですね。これは大きな効果を生むと思います。』

○『岡倉天心が『茶の本』のなかで、日本の茶道というのは、一種の審美的宗教、美を崇拝することに基づく一種の儀式だと言っていますが、なるほどと思いました。神様を崇拝するように美を崇拝するといえば、たしかにこういう感覚は日本的だなあと感じます。

同じことが茶道ばかりでなく、華道とか、客のもてなし方とか、物造りのあり方とか、日本文化のすべてに共通していえると思います。たとえば日本の伝統職人さんたちは何か作るときに、一般の目には見えないところまで、ものすごく丁寧に作るでしょう。もはや人間の目というよりも、神様の目を意識して作っているんじゃないかと思うほどです。これはね、人が見ていようがいまいが、みっともないことはしたくない、ごまかすことはしたくないという意識のあり方とまったく同じでしょう。日本人の宗教性というのは、こういう宗教性なんですね。

このように、伝統文化のなかから、美意識に基づいた日本的な道徳観をいろいろと見いだすことができると思います。』

4　これからの日本の役割と課題について

○『あえて言挙げしないとか、自己を押し通そうとしないとか、相手を傷つけないとか、そういう調和的な文化は、諸外国と距離をおいた島国としてやっていた時代はよかった。しかし、西洋列強がアジアに侵出してきた時代から……他の国と同じように、日本もそれなりに強固な国家主義・民族主義をもってやってきたわけです。

その結果の敗戦ですから、これからは国家・民族を盛り立てて世界と向き合うことは控えよう、日本には昔ながらの調和主義があるのだから、これに拠って外国ともなんとかうまくやっていこうと考えるようになったと思います。戦勝国や旧植民地国もそういうおとなしい日本を強く求めたわけです。これがやがて固定化して、今なお続いているわけです。……アメリカの巨大な軍事力や巨大な市場を背景に（天下国家を）語らなくてすむというか、語らなくてもやっていける条件が生まれたことも、もちろん大きいですね。

……敗戦後遺症……国民国家としての理念を堂々と掲げ、国民国家として言うべきことを堂々と主張し、諸国と対等に渡り合っていくという当たり前のことに対する根本的な気後れのような意識が、戦後ずっと続いていると思います。

でも強固な国家主義・民族主義はいらないまでも、自立した国民国家としての体をなさない状態にまで落ち込んでいる今の状態からは、なんとしても脱出していかなくてはなりませんよね。実際、そこに期待している国は多いんです。世界の流れは大きく変わりつつあると思います。』

○『戦後日本は、アメリカとソ連の冷戦構造の中でなんとかやってきたんですね。国家意識をもたなくても、天下国家を考えなくても、アメリカについていけばなんとなくやっていけた。でも、これからはそれでは絶対にやっていけません。日本を取り囲む国際状況からいえば、とくに中国の覇権主義の膨張を見れば、このままではやっていけません。このままでやっていたら、日本はあと30年で確実に滅びると私は考えています。

第一には、国家の利益に基本的に立脚した外交を積極的に展開することです。……国際社会で生き延びるために、日本人はもう一度天下国家に対する使命感を、少なくともエリートのなかでこれを取り戻さなければならないと思います。まず、政治家・官僚から変われ、ですね。』

○『現在でいえば、多くの発展途上国にとっては、なんとかして豊かな社会を作りあげたい……というのが、本当に実現したい大きな夢なわけです。……

日本は発展途上国に対して、物質的な面での支援をしていく義務があります。しかし日本の役割はさらに、国内的にも国際的にも、精神的な豊かさを作り出していくこと、精神を豊かにしてくれる夢を生み出していくことにもあると思います。』

○『まったく同感です。日本の文化的な伝統は、そこで大きな力を発揮すると思います。精神の豊かさを生み出していく社会のあり方とか文化とか、そういうモデルを新しく作り出していく、これこそ夢ですよ。

そもそも東洋の文化の伝統は、精神的な豊かさ、精神の自由を探究していくところにあったと思います。そういう東洋の文化的な伝統は、日本のなかに最もよく生き残っていて、しかも独自に発展してきたんです。日本は今、東洋の精神的な豊かさの伝統を、物質的な豊かさの上に生かしていく時代に入っていると思います。かつてより、もう一つ高い次元で形成していく時代ですね。』

○『結論からいえば、現在の日本という国の課題は、悪いところを批判するところにはないということです。そうではなく、どこが評価できるところかをはっきりと押さえていくことが、現在ではより切実な日本の課題だということ、しかも世界的な課題でもあるということです。

日本の悪いところなんて、世界のどこにも多かれ少なかれあるものですよ。そんなところには、私はまったく興味がないんです。私が興味をもつのは、世界のどこにも見られない美点・美風といったもの、これが日本にはたくさんあるということです。にもかかわらず、そのことを自ら積極的に評価していこうとする日本人が少ないんです。

これまで西洋世界に対して、アジアといえば、中国を課題にしたり、インドを課題にしたり、あるいはイスラム地域を課題にしたりすることが行われてきましたが、日本が課題として本格的な検討がなされたことは一度もありません。大きな夢ということでいえば、日本から世界の未来的な課題が引き出せる、それを引き出してやろうというのが私にはあるんです。……いつか必ず、日本というのが、世界的な課題になるはずなんです。』

5 その他

(1) 日本人の性格について

○『日本人は、他者から受けた被害に対して、長い間恨みをもち続けることがなく、また他者との関係の質が変わればスッと水に流しますね。ところが、これが逆だといくら関係が変わっても、悪いことをしたなと罪の意識をずっと引きずっていく。そういう国民性のようなものがあると思います。日本人の多くに、反省的、自己批判的な姿勢を潔しとする傾向を強く感じます。』

○『「東京国際裁判」で、一方的に日本が悪いと決めつけられ、日本は孤立無援のなかでそれを受け入れていくほかなかったわけです。そういうことでは、日本人はしたたかではないですね。……心理的には、これではどうしたってアメリカンコンプレックスになり、中・韓コンプレックスになるしかないわけです。それで私は敗戦後遺症だというんです。……』

○『これは日本のマスメディアというよりも、日本人の特徴だと思いますが、諸外国に対しては、まず調和したい、仲良くしたいという気持ちが何よりも先に立った報道がされるということがあります。これが冷静で客観的な報道を妨げてしまうケースがずいぶんあると感じます。』

(2) カラオケ、マンガ、アニメの特異性について

○『日本人が作ったカラオケやマンガ、アニメが世界的な広がりをもった理由も……日本的な精神性を現代的な形に変え得たところに求められると思います。

日本の神道の精神性には、あらゆる物に魂が宿るという世界観がありますね、ですから、人の手になる人工物、庭にも、家にも、各種の工芸品にも、仏像にも、日本人は魂を込めていく、魂を入れ込んでいく、そういう作り方をしていきます。これによって、魂が入った、つまり命が宿ったものが生まれます。

カラオケもまさにそうです。何もない空っぽのオーケストラに、それぞれが自分の魂を、魂のこもった歌を入れ込んでいこうという発想がそこにあります。マンガ、アニメにしてもいかに生き生きとした動きが出せるか、実際よりもいっそう生き生きとして見

えるかというところで、魂を吹き込んでいこう、命を吹き込んでいこうとする発想がそこにありますね。こうして、日本人が独自に生み出した仮想現実の世界、もう一つのリアリティの世界が、カラオケの世界であり、マンガ、アニメの世界であるわけです。こういう新しい世界の創出は、日本人にしかできなかったものです。』

(3) 日本に残したい文化・風習について

・○『日本の文化・風習のなかで、ぜひこれはなくなって欲しくない、残って欲しいというものがあるとすれば、それはなんでしょうか。

私としては思いつくままにいってみますと、冠婚葬祭の風習、村や町での祭、お墓参り、花見、禊ぎ祓い、靖国参拝、除夜と初詣などがあります。』

○『伝統文化のなかでも、何々道といわれるもの、これはなくなるわけがないと思いますが、大事にして欲しいと思います。それに祭ですね、これは絶対になくさないでほしいです。……

ちょっと心配なのは、日本の都会で段々消えていっている神棚と仏壇。これはあらためて普及を考えていただきたいと思っています。……いくら精神的に大事にするといっても、実際には何か形のあるものを通すことによって、名実ともに大事にすることができるんですね。』

○『日本民族が永遠に守っていくべきものは何かというと、日本文化の源流、原点にかかわるものです。たくさんありますが、もし、三つに限定するとしたら、一つは神道（日本精神の基本である清らかな心をもち抱えています。）、一つは皇室（日本の伝統文化を守っているコア的なもの）、もう一つは個人的な思いも入っていますが禅の仏教（茶道は禅に深く関係しています）というのが私の考えです。これらはすべて、日本人の美意識、美学に根本的な関係があるものです。この三つのうち一つでもなくなったら、日本は確実に日本ではなくなると思います。』

第三章　内閣府の「国を愛する気持ち」に関する世論調査

―調査結果から受け取るもの―

はじめに

敗戦直後にGHQが日本の弱体化を図るためにつくり上げた、戦争に導いた「国に対する反発の感覚」（「国家性悪説」の意識）に同調して、日教組は、昭和年代（およそ40年）を通じて「愛国心」を否定し、国旗（日の丸）、国家（君が代）を認めないなど、当時の文部省の「国」に係わる重要な施策にことごとく反対の姿勢をとり続けてきました。

ところが、日教組は平成に入り、東西冷戦の終結や支持政党の日本社会党の凋落、日教組自体の分裂や組織率の低下傾向[注1]等、内外のさまざまな状況が大きく変化する中で、平成2年以降、ストライキをしない等、現実路線への転換を図りました[注2]。

（注1）教職員の日教組への加入状況は、昭和20年代（日教組は、昭和22年に結成）は90％台であったと推測されていますが、昭和33年度には86・3％、それが平成27年度には24・2％（このほか、共産党系の全教が4・3％）と大きく下がっています。

（注2）日教組は、平成2年の定期大会で、運動方針を「対決」「反対、阻止、粉砕」から、新たに「参加、提言、改革」そして「対話、協調」のいわゆる現実路線に切り替えました。しかし、「国を愛する気持ち」に関連する「憲法」、「平和」等への姿勢は、平成31年になっても変化は見られないようです（「教育研究全国集会」での委員長のあいさつ）。

他方、文部省・文部科学省（平成13年改名）は、戦後のおよそ70年間、「国を愛する気持ち」の教育が適切に行われることを期待していましたが、特に積極的に推進してきたわけではありません。ただし、関連した施策としては、平成11年、長年の懸案であった国旗、国歌の法制化（「国旗及び国家に関する法律」の制定）に踏み切ったほか、前述したように、平成18年、教育基本法を改正し、「教育の目標」として「国を愛する心・態度」についての定めを設けたのです。

次に述べる世論調査の結果は、昭和年代（およそ40年間）と平成年代（およそ30年間）のおよそ70年にわたって、組合員、非組合員を問わず、すべての学校の先生方が児童・

生徒に対して取り組んでこられた「国を愛する心・態度」についての教育活動が総括されたものとみてよいでしょう。

1 「国を愛する気持ちの程度」についての調査結果

すでに本書の冒頭の「はじめに」で触れましたが、内閣府が、平成29年1月に行った「社会意識に関する世論調査」で、「国を愛する気持ちの程度」について質問したところ、「強い」と答えた人が55・9％（最近の10年間の平均は、55・99％）で、「弱い」と答えた人は6・0％[注1]（最近10年間の平均は、6・59％）にとどまっていました。

「国を愛する気持ちの程度」すなわち「国を愛する心・態度」の強い人々が、このところずっと過半数を超えていることは喜ばしいことですが、前述したように、この調査で注目すべきことは、「どちらともいえない（わからない）」と答えている人が38・1％[注2]もいることです。

（注1）内閣府が、平成28年1月に行った別の「自衛隊・防衛問題に関する世論調査」によりますと、「もし日本が外国から侵略された場合は」という問いかけに、「一切抵抗しない

（侵略した外国の指示に服従し、協力する）」と答えた人が6・6％（前年比1・5％増）となっており、この数字は前述した「国を愛する気持ちの程度」が弱いと答えた人の数字（6・0％）に、ほぼ見合っているのです。歴史の長い誇るべき日本という国で、日本人としてまた人間として生きていくことを放棄し、他国の支配下で、ただ生きていればよいという人がこれだけいるのは驚きではありませんか。

なお、この人たちとは逆に「もし日本が外国に侵略された場合は」という問いかけに、「自衛隊に参加して戦う」という頼もしい人たちが5・9％（前年比0・9％減）もいることは心強い限りです（このことについては33頁参照）。

（注2）これは極めて高い数字ですが、「戦争」とか「平和」に関する調査では、これまで、常に同様の結果が出ています。それが特に高いこの章の末尾に（参考）として掲げた興味深い外国の調査結果を参照して下さい。

2 「国を愛する気持ちを育てる必要性」についての調査結果

次に、「国を愛する気持ちを育てる必要性」について質問したところ、「そう思う」と答えた人が73・4％（最近の10年間の平均は、78・12％）で、極めて高いことに注目して下さい。これに対して「そう思わない」は13・2％（最近の10年間の平均は11・12％）、「わからない」は13・3％となっています。

3　以上の二つの調査結果から受け取るもの

先の1の調査においては、「国を愛する気持ちの程度」についての質問に、「わからない」と答えた人が38・1％もいることは、注目すべきことであると述べました。

また、2の調査においては、「国を愛する気持ちを育てる必要性」についての質問に、「そう思う」と答えた人が73・4％という高率であることに注目してほしいと述べました。

この二つの調査結果を関連させて考えてみますと、1の調査で「わからない」と答える人がこれまで余りにも多い状況が続く中、将来はそう答える人が少なくなって、その代わり、1の質問に「強い」と答える人たちがもっと増えるようにとの願いを込めて、2の調査では、多くの人々が「国を愛する気持ちを育てる必要性」について、「そう思う」と積極的な回答をしているものと考えられます。

ところで、私たちの社会で、「国を愛する気持ちを育てる」役割を実際に担われるのは、学校で子供たちの教育・指導に当たっておられる先生方です。したがって、この調査結果からは、学校の先生方に、子供たちには「国を愛する気持ちを育てる」教育をもっとしっかりしてほしいという願いが多くの人々から出されている（この点については、54頁参照）と受け取ることができるのです。

このような状況が続いていた中、近年、国際環境の厳しさが増してくるのに対応するため、そして同時に、これまでなかなか願いがかなえられなかった多くの人々の声を尊重する立場から、文部科学省では来年度（令和2年度）から、小学校から順次、「国を愛する心・態度」の教育を始めることになったのです。

（参考）

スウェーデンに本部を置くある組織が、世界各国（おおむね60か国を対象。ここでは便宜上、日、米、中、韓の4か国を対象とします。）の18歳以上の青少年を対象として行った「私たちは勿論、新たな戦争を希望しませんが、もし戦争が起こったら、あなたは国

	はい（戦う）％		いいえ（戦わない）％		分からない％	
2010～2014年	15.2	米 57.7 中 74.2 韓 63.0	38.7	米 40.6 中 19.5 韓 30.3	46.1	米 1.7 中 6.3 韓 6.7
1999～2004年	15.6	米 64.8 中 89.9 韓 74.4	46.7	米 24.3 中 3.1 韓 25.3	37.7	米 10.9 中 7.0 韓 0.3
1990～1994年	10.3	米 ― 中 93.2 韓 85.4	40.5	米 ― 中 2.5 韓 12.8	49.2	米 ― 中 4.3 韓 1.8

のために戦いますか」という問いに対する調査結果は、上記の通りです。

ここでも、三回の調査を通じて、日本（国名を付していない数字）だけが、「はい（戦う）」という回答が断然少なく、そして、「分からない」という回答が飛び抜けて多いのです。戦後、長年月にわたって行われた「戦争」や「平和」に関する教育が、他国と比べていかに際立って特異なものであったかが、ここにも素直に現われているのです。

今後、皆様方の努力によって、この結果がせめて他国（「普通の国」）並みになる日が、一日も早く到来することを期待したいものです。

おわりに
私たちはなぜ「国を愛する心・態度」が必要なのか（再掲）

1 「平和幻想」を払拭して、「普通の国」となるための出発点として

（これまでの経過）

戦後の我が国は、前述した（29頁参照）ように、早々と昭和20年の末頃から、占領軍によって徹底した「思想教育＝洗脳」が行われ、日本国民には「国家性悪説」と「平和幻想＝超平和主義」の二つが、一方的にたたきこまれました。

そして当時、それを引き継いだ一部の教職員団体やマスコミ関係者による指導・普及もあって、日本人の中には世界の厳しい現実には耳目を閉ざし、また「国」に対しては背を向けたまま、ただ皆で平和、平和と叫んでいれば、戦争は起こらず、平和が保たれるという「平和幻想」を持った人が今でも多く見られるのは（注）、残念でなりません。

（注）例えば、女性に対する最近のアンケート調査では、10代を除いて「自衛隊」を認めないと答える人たちの方が多く、それでは外国から攻められた時はどうするのかとの問いに

は、多い順に「日本には攻めてこない」「話し合いをする」「降参する」「アメリカ軍に戦ってもらう」という回答が得られたと報じられています。「国の防衛」の問題を、自分たちにとって身近で重要な問題として受け取る姿勢はほとんどうかがえないのです。

他方、新憲法は、GHQから交付された「日本国憲法案（総司令部案）」を基礎として、日本政府がGHQと共同でまとめた「憲法改正草案」が、旧憲法の手続に従って議会で審議され、日本国憲法として制定されました。

この新憲法9条の解釈と運用の仕方について、吉田首相（昭和21年5月22日、第一次吉田内閣成立）は、早々と当分の間、軽武装のままで経済を回復させるという方針(注)を立てて、諸施策を実施しました。そして、それに続く歴代の自由民主党（昭和30年に「自由党」を改称）の政府も、基本的にはこの方針を引き継いで、経済の再建と発展に全力を注ぎ、我が国を見事に経済大国へと導きました。他方、当時の野党や経済界等も、政府のこの政策の基調に異論はなく、また、何よりも戦争の生々しく厳しい記憶がまだ強く残っていた一般国民は、経済の発展と生活の向上を歓迎しつつ、この反軍・平和主義の方針を感覚的にしっかり支え続けていたのです。

（注）吉田元首相が目指していたことは、「当時の経済は、主として同盟国アメリカにまかせ、日本自体は、もっぱら戦争で失われた国力を回復し、低下した民生の向上に力を注ぐべし……」としつつ、「……防衛の面においても、いつまでも他国の力に頼る段階はもう過ぎようとしている」と述べていることから、推し量ることができるのです（『世界と日本』（昭和38年））。

こうして、二度と戦争をしてはいけないという素朴なムードに支えられた多くの国民は、やがて国際状況の変化に伴い、国防の充実を含む憲法の改正を前面に出し始めた自由民主党政府に反対する野党勢力と結びついたのです。そして、そこで主張され始めた「護憲」「反戦・平和」のスローガンの下《もと》に、党派を超えたいわばゆるやかな政治的なまとまりが出来上がり、その流れは、現在まで続いているのです。

（今後の進むべき方向）

以上に述べたような戦後の長い間の平和慣れのため、国民の中には、前述したように、「国防の原点」などすっかり忘れてしまうどころか、国への思い、国としてのまとまりすら十分に意識しないような人々が、昭和年代から平成に入った頃まで、なお、かなり見受けられる状況が続いていました。

　こうした中、平成10年代に入り、戦後も50年以上経過して人々の間から戦争の記憶も少し遠のき始めた中で、自由民主党政府は、国の内外の状況の変化を見極めつつ、日本国民が「国」についての意識を正しく持ち、国民のアイデンティティを高めることができるようにしようと、まず、平成11年、「国旗及び国歌に関する法律」を制定して、「日章旗」を国旗、「君が代」を国歌と定めたのに続けて、18年には教育基本法を改正して、新たに「教育の目標」の一つとして、「我が国と郷土を愛する……態度を養うこと」という定めを設けました（36～38頁参照）。

　そして、近年、我が国周辺の国際状況が緊迫感を強めている中、文部科学省は、その流れの上に、令和2年度（２０２０年度）から、小学校から順次、子供たちに「国を愛する心・態度」の教育を始めることとしたのです。

　それが目指すところは、まず、子供たち一人ひとりが、日本の歴史・文化等のすばらしさを学んで、日本という国への誇りを抱き、大切にしようという思い、すなわち「国を愛する心・態度」を素直に身につけることが期待されているのです。

次いで、「国を愛する心・態度」を身につけた子供たちが、先祖から受け継いだ日本という国を、次の世代へ確かに引き継がなければならないという思いを自覚し、そのため日本が他国によって侵略され、支配されたりすることがないよう、「自分たちの国は自分たちで守る」という日本国民として当たり前の気概をしっかり持つようになることが期待されているのです。

そして、到達点としては、こうした子供たちが育つことによって、これまで多くの国民が抱いてきたいわゆる「平和幻想」が日本人の心から取り除かれ、日本が「普通の国」になることが期待されているのです。

令和元年（2019年）5月1日、平成時代は終わり、新天皇・新元号「令和」[注1]と共に人々の心は改まり、日本に新しい時代が始まりました。こうして新しく生まれ変わった日本という国で、来年4月、まず、小学校から順次、「国を愛する心・態度」の教育が始まることは、誠に時宜にかなった意義深いことです。教員の皆さん[注2]が、本書で述べてきたような日本の美しく豊かな自然、そこで脈々と育まれてきた「日本の心」、そして古い伝統を誇る歴史、文化等を子供たちに興味深く伝えていただくことによって、先に述べた「教育の目標」と三つの期待が、子供たちの心にしっかり育まれていくのではないでしょうか。

本書が、その一助となれば幸いです。

（注1）「令和」という元号（「大化」から数えて２４８番目の元号）は、これまでの元号がすべて中国の古典からとられていたのに対し、初めて日本の古典「万葉集」から引用されました。日本が一国一文明の地位を占めていることからも適切なことと思われます。

（注2）　最近、20代から30代前半のいわゆる「若い人たち」（年代的には、昭和の末頃に生まれ、平成の初期すなわち日教組が「現実路線」へ転換（２１０頁参照）した後に、小学校からの教育を受けた人たち）は、特定の考え方にとらわれず、さまざまな情報源から非常に現実的な自分の考え方を見つけ出していると言われています。

こうしたいわば柔軟で、新しい感覚を身につけた「若い人たち」を育ててこられた先生方が、これから始まる「国を愛する心・態度」の教育に、目標どおりの成果を上げて下さることを心から願っています。

2 「令和」時代を迎えて

(1) 変化の激しい社会への対応について
―「国を愛する心・態度」の教育の役割(その一)―

ところで、これから始まる「令和」時代は、平成時代から政治・経済・社会上のさまざまな難題(注)を引き継いでいますが、人間(日本人)として新しく迎える最も基本的で重要な問題は、人工知能(AI)、情報・技術(IT)等の利活用により、人々の間に膨大な情報が瞬時に拡散し、社会がめまぐるしく劇的に変化する時代に直面するということです。すなわち、「令和」時代の人間社会は、急激な情報・技術の革新といかに調和していけるか(モラル(倫理)の面を含めて)、という未知の世界に突入していくのです。

(注)平成時代から引き継いだ大きな課題としては、長期の景気低迷と国際競争力の低下、人

口減少とそれに伴う労働力不足を補うための外国人労働者の雇用、超高齢社会の到来等があります。

こうした中、それなりの豊かさを享受し、意識したいわゆる中間層が支えている日本社会(注)では、国民の相当な知的水準と穏当な国民世論を維持しつつ、国民の間に、すでに一部の先進諸国で生じ始めている政治的対立や社会の分断が生じないようにすることが、何よりも重要なことではないでしょうか。そのためには、古《いにしえ》から、もっぱら自然と向き合う中でつくり上げられた「日本の心」（67〜68頁、73〜75頁）の基礎の上に、新しく、人間がつくり出す試練に向き合う中で、決して自分（人間）を見失わず、また、何事にも動じないゆるぎのない精神を持った日本人を育てることが大切なのです。

（注）内閣府が行った昨年度の世論調査では、現在の生活に「満足している」が過去最高の74％に達しており、生活の程度を「中の中」と答えている人が6割近くを占めています。

実際にはどうすればよいのでしょうか。このむずかしい問いに対してある識者は、変化の激しい社会だからこそ、よって立つ基盤が必要になる。そこで、世界最古の誇るべき皇室（天皇制度）を中心（注）として、先人が残してくれた歴史・文化等をしっかり引き継いだ誇りと自信を持った日本人をつくることが大切だ。そうすれば、どんな変化があっても自分を見失うことはない、と提言されています。

（注）日本人の多くは、「皇室がなくなったら日本は確実に日本ではなくなる」と考えているのではないでしょうか（160頁参照）。

この提言は、「国を愛する心・態度」を育むため、本書で先生方にお願いしている教育の内容と基本的には同じです。したがって、先生方に「国を愛する心・態度」の教育をしていただくことは、それが同時に、これからの「令和」時代を見事に生き抜くための人づくりをしていただくことにもなっていることを理解され、心を新たに取り組んでいただくことを期待しています。

(2) 令和時代末頃の文化の高揚について
―「国を愛する心・態度」の教育の役割（その二）―

「令和」時代の末頃、日本にはすばらしい文化の発展・高揚が見られるという期待あるいは予測があるのです。

平成31年4月1日、安倍首相は、「令和」の元号を発表された際、「令和」は、「人々が美しく心を寄せ合う中で、文化が生まれ育つ」という意味をもっていると説明され、「令和」時代への「期待」を述べられました。

そしてつい最近、「令和」時代末頃の文化の高揚について論じたある学者(注1)の興味深い論文を見つけました。

その論文は、ある識者(注2)の「文化の最盛期というのは、古今東西の歴史で、戦乱の百年後に訪れています。」という見解を、「令和」時代の日本にあてはめて、期待を込めた大胆な「予測」を展開されているのです。

具体的には、「令和」の時代の終わり頃に「戦後百年」を迎える日本、このことを少し詳しく説明しますと、先の大東亜戦争・太平洋戦争の敗戦（1945年）から100年の時を経た2045年（令和27年）頃の日本は、歴史の先例を踏まえれば、「文化の最盛期」を迎えるであろうというのです。

（注1）櫻田淳氏の「令和27年—戦後100年への旅」（産経新聞、令和元年5月8日付朝刊）を参照。

（注2）櫻田氏が参考とされたのは、岡崎久彦氏の『百年の遺産』です。それによりますと、「古今東西の歴史」のうち、東洋の国の中国については、漢の武帝と唐の玄宗の時代が、また、日本については、関ケ原の戦い（1600年）の後、おおむね100年近くたった元禄時代に活躍した井原西鶴、近松門左衛門、尾形光琳、松尾芭蕉等がそれぞれの分野の代表者として示されています。

なお、西洋については、フランス革命とナポレオン戦争（1789年～1820年頃）からおよそ100年後のベル・エポック（すばらしい時代）と呼ばれる時代のヨーロッパにおいては、絵画では印象派（ルノワール、ゴッホ等）、フォーヴィズム（マチス等）、キュービズム（ピカソ等）が、文学では象徴主義といわれるマラルメ、メーテルリンク等が活躍しています。

ところで、この予測を現実のものとするためには、まず、我が国にそういった文化を生み出す社会基盤として、「平和な社会」「豊かな社会」そして何よりも「自由な社会」がしっかり保たれていることが必要です。それは、国民の協力を得ながら、もっぱら政府が担うべき役割であり、期待してよいのではないでしょうか。

こうした社会基盤を前提として、次には、「令和」時代を生きる人々がそれぞれ何をするかが求められます。ところで、「令和」の終わり頃に文化の担い手となるのは、現在の子供たちであり、ここで、学校の先生方の出番となるのです。「令和」時代を迎える（正しくは令和2年）とともに、先生方が「国を愛する心・態度」の教育、すなわち古《いにしえ》からのすぐれた日本の歴史・文化等を教育して、国への誇りと自信を身につけた子供たちを育てることに着手されることは、我が国にとって真《まこと》に幸運なことです。

こうした教育を受けた子供たちは、やがて社会へ出てさまざまな分野で活躍を始めるのですが、そのうち、学校時代に受けた教育に触発され、しかも、特に才能や環境等にも恵まれた極く一部の人たちが、やがてそれぞれの分野で新しい文化の創造と発展に力を発揮し、後世に足跡を残すことになるのです。

それでは、これらの類稀《たぐい》な人たちを除いた「多くの人たち」は、「令和」末期の「文化の最盛期」とは、無縁なのでしょうか。決してそうではありません。

日本が新しくすぐれた文化を生み出すには、歴史・文化等について基本的な知識と教養を身につけ、美しいもの、よいものを適確に見分ける力を備えた人たちが社会の裾野をつくっていることが必要です。ところで、「令和」の初めから末頃にかけて（およそ30年近くにわたり）、毎年、先生方の「国を愛する心・態度」の教育を受け、これらの文化に関する基本的資質を備えた若い人たちが、次々と生まれます。この「多くの人たち」のほとんどは、自ら新しい文化を生み出すことはなくても、文化の創造には、それなりの関心を持ち続けています。

こうして、文化を生み出す裾野が豊かに根付いた社会では、必ずやその中から特別な才能を持った人たちが現われ、さまざまな分野で新しいすぐれた文化が創造され、後世から「文化の最盛期」と評される時《とき》を迎えるのが、歴史のたどった道なのです。

締めくくりに、冷戦の終結以降、長い間、あらゆる面で世界における存在感を薄めている我が国が、「戦後百年」の「令和時代」に、世界にせめて文化国家としての輝きを見せられるように、一人ひとりの先生方が歴史の先例を信頼され、「国を愛する心・態度」の教育に心を込めて努力を重ねられるよう、心から期待しています。

お断り

本書中

(参考) は、主として、本文に関する知識・情報の量を豊かにし、幅を広めるために役に立つ説明です。

(関連) は、主として、本文の内容をより的確に、より深く理解するために大切な説明です。

付記

国への正しい誇りを取り戻すために

付記　国への正しい誇りを取り戻すために

はじめに

これから「国を愛する心・態度」を正しく身につけようとする人たちにとって、戦後の米国主導の国際軍事裁判によって、戦勝国の一方的な思い込みと世界への見せしめのためにつくられた、日本はかつて軍国主義国家として他の国を侵略した「悪い国」であるというイメージを抱いたままでは、右に掲げた課題に真剣に取り組む気概が生まれず、十分な成果を期待することはできないのではないでしょうか。

ところで、20世紀に入り、我が国は二つの国との間で、重大な問題に直面することになったのです。一つは、米国の一方的な思わくと策略（政治的、経済的圧迫）によって、我が国は、先の大戦に踏み切らざるを得なかったこと、いま一つは、朝鮮の独立を願って、長年、接触（国内制度の改革の提案等）を続けてきた我が国が、止むを得ず、朝鮮の「併合」に踏み切ったことです。ここではこの二つの重大な問題が生じた背景・経緯等について、それぞれ確かな歴史的資料に基づいて、私たちが、学校では学んでいない歴史の事実を明らかにし、日本という国が当時の国際法秩序の上から、決して一方的に「悪い国」として非難されるべきではないということを理解していただきたいのです。

1　日本は大東亜戦争・太平洋戦争をなぜ始めたのか
―この戦争の性格を含めて―

この戦争の説明に入る前に、まず、日米間の関係が歴史的にどのようなものであったか概説しておきます。

幕末の開国以来、日米関係はしばらくの間は極めて友好的であったのですが、1900年すなわち20世紀に入る頃から、米国西部に増加し始めた日本人の移民を対象として、人種偏見に基づく排日運動が起こり始めたのです。それと共に、日露戦争での日本の勝利（1905年）によって、「日本恐るべし」とする対日観が米国中に広まっていったといわれています。

また、同じ頃から、満州、中国に対する我が国のいわゆる大陸政策に、アメリカは門戸開放主義を中心軸とする立場からことごとく反対（いわゆる「不承認主義」）していましたが、この姿勢は、この大戦の開始まで、ずっと引き継がれていたのです。
そして、1924年、日本にとって極めて屈辱的な「排日移民法」が制定されるとともに、長年計画中であった後述するいわゆる「オレンジ計画」が策定され、この年は日本とアメリカとの間の「戦争と平和の分岐点」となったといわれています。

このような日米間のさまざまな確執がしだいに強まっていた1939年、第二次世界大戦がヨーロッパで始まったのですが、そのさ中の1941年（昭和16年）12月8日、日本軍がアメリカ（ハワイ）のパール・ハーバーを奇襲攻撃し、大東亜戦争・太平洋戦争が始まったとされているのです。ここでは、日本がなぜアメリカに対してこのような奇襲攻撃を行ったのかその背景と原因を中心に説明を進めることとします。

〈戦争への画策〉

ヨーロッパでは、戦争が始まるや否や、ドイツ軍はイギリス、フランス、そしてロシア（1941年6月開戦）を各地で次々と撃破し、圧勝の勢いが続いていました。こうした中アメリカは、窮地にあったイギリスを支援するため、ヨーロッパでドイツと戦端を開くための方策をいくつか試みたのですが成功しなかったため、アジアに着目し、ドイツと同盟国（日独伊三国同盟（注）は、1940年9月成立）にある日本にアメリカへの戦争をしかけさせる方針を固め、具体の策を検討し始めたのです。

（注）この同盟を進めた日本のトップ層は、この三国同盟に、やがてソ連（1941年4月、「日ソ中立条約」調印）を加えることでアメリカの参戦を防ぎ、世界戦争を防止しようと狙っていたというのです。ところが、1941年6月、独ソが開戦したため、この計画は崩れ去り、むしろアメリカの参戦を促すことになったのです。
それどころかアメリカは、日独伊は不可分で、ヨーロッパの戦争と支那事変は二つの戦場で戦われる一つの世界戦争と見なすことになったのです。そして、このことは、我が国がドイツ（ナチズム）、イタリア（ファシズム）と同類の対外的な侵略国家であると見なされ、戦後の軍事裁判でも、そのように扱われてしまったのは、誠に残念なことだったのです。

アメリカは、前述したように20世紀に入って早々、日本を仮想敵国とするいわゆるオレンジ計画（対日戦争作戦計画。1924年確定）を持っていたのですが、改めてより具体的な「対日戦争挑発行動8項目」（1940年）をつくり、この計画に基づいて、次のような方策を着々と進めていったのです。(注)

（注）なお、当時のアメリカの一般国民は、先の第一次世界大戦（1914〜1918年）への参戦で手痛いダメージを受けていたため、アメリカに対する直接の攻撃がない限り、アメリカの戦争への参加は認めないという強い姿勢を持ち続けていたのです。そこで、アメリカ政府としては、どうしても日本からアメリカに戦争をしかけさせる必要があったため、この計画の実行は、次にみるように徹底して厳しいものとなったのです。

F・ルーズヴェルト大統領は、1940年早々、「日米通商航海条約」を廃棄し、次いで、米主力艦隊を大西洋からハワイへ移転させたのです。そして、1941年には、屑鉄、鉄鋼、銅等の対日輸出を禁止したほか、遂に7月には在米日本資産凍結（イギリス、オランダのほか、太平洋に面する数か国が参加）、そして8月には、石油の対日全面輸出禁止（イギリス、オランダが参加、いわゆるABCD包囲網が強化）と続け、日本に対する経済封鎖をとり得る極限までとり続けたのです。
その結果、我が国は多くの重要な原料供給の途が絶たれ、日本の産業と国民の生活が、根底から脅かされる状態となっていったのです。

このような事態が、日米関係を著しく険悪化させることになったのは当然のことです。そして、近衛内閣としては、1941年4月頃から危機打開策として、担当者どうしの直接交渉を行わせていたのですが、前述したように、資産凍結と石油輸出禁止（当時、石油輸入高の81%を米国に依存）が7月、8月と続くのを見届けた近衛首相は、8月に入り、自分が大統領と直接話し合う決意を固め、陸海軍の同意をとりつけました。また、天皇も近衛の決意をうれしく思われ、速やかに会見するよう督励されました。こうして、早速、大統領との会見が申し込まれたのですが、アメリカ側はさまざまな理由をつけてそれを引き延ばし、結局、この会見は実現しなかったのです。

他方、大統領は、日本からのこの話し合いの申し入れを引き延ばしながら、対日戦争の構想を着実に練っていたのです。このことは、日米開戦を間近に控えた1941年11

月25日に開かれた「戦争関係閣僚会議」(注)の席上、大統領が取り上げたのは、日本が求めている和平の見通しについてではなく、日本に戦争をいかに開始させるかの問題であったのです。

(注)この会議の出席者の一人であったスチムソン陸軍長官(対日タカ派の中心人物)の当日の日記には、「大統領は対独戦略ではなく、もっぱら対日関係を持ち出した。大統領は、多分次の日曜日(12月1日。筆者注)には日本から攻撃される可能性があると述べた。……問題は、我々自身に過大な危険をもたらすことなく、いかに日本を操って最初の発砲をなさしめるかということであった。」と書き留められています。

以上のような状況の総仕上げとして、1941年(昭和16年)11月27日、日本政府はアメリカからいわば最後通牒(ハル・ノート(注))を受け取りました。これを一読した当時の外務大臣東郷茂徳は、「これは日本への「挑戦状」であり、「最後通告」である。……これを受け入れることは国家的な自殺に等しく、この挑戦に対抗し、自らを守る唯一の残された道は「戦争」であった。」と書き残しています。

また、東京裁判で有名なインド代表のパル博士は、「真珠湾攻撃の直前に米国国務省が日本政府に送ったものと同じような通牒を受取った場合には、モナコやルクセンブルグ大公国でさえも、合衆国に対して戈《ほこ》をとって立ち上がったであろう。」と語っています。

（注）ここでは、その内容の詳細は省きますが、それは近代国家日本が、それまで国際社会で国際ルールにのっとり行ってきた行動とその実績（成果）のすべてを否定するものであったといってよいのです。

なお、昭和天皇は、この頃の状況について、「万一の僥倖に期しても、戦った方が良いという考が決定的になったのは自然の勢」（『昭和天皇独白録』）であったと述べ、平和を希求しながらもこのような状況に追い込まれたことを、冷徹に見ておられたのです。

（まとめ）

ここまで知れば、先の大東亜戦争・太平洋戦争(注1)は、本当は誰が望んでいたのか誰でも理解できるでしょう。(注2)事実、占領中に来日し、マッカーサーとも語り合ったフーヴァー大統領（F・ルーズヴェルト大統領の前任者）は、その回想録の中で、対日戦争（の開戦）は、ルーズヴェルト（政権）が一方的に悪かったと断じているのです。（注3）

（注1）日本軍は1941年12月8日、ハワイのほか、フィリピン（米国）、香港（英国）、マレー半島（英国）の3か所にも侵攻を開始したのです。

なお、我が国はこの戦争を「大東亜戦争」と称していました。これに対して、米国は、戦後この戦争を「太平洋戦争」と呼び、「大東亜戦争」と称することを禁止したのです。そこで本書では、「大東亜戦争・太平洋戦争」と書くことにしています。

（注2）日本軍は1941年12月7日、ハワイ時間7時55分（米国東部時間午後1時25分、日本時間12月8日午前3時25分）ハワイオアフ島に対する攻撃を開始しました。この事実を知ったスチムソン陸軍長官は、この日の日記に、米国に振りかかった悲劇の報にもかかわらず、次のように書いているのです。

「それはたまらなく面白いことだった。……今やジャップは、我々を直接攻撃することで、問題全部を解決してくれた。日本の攻撃の報を受けたとき、私の最初の気持ちは、不決断の状態が終わり、全米国民を一致団結させるような仕方で危機がやってきたというほっとした気持ちであった。」

（注3）なお、日本との開戦を望んでいた米国側の意図の傍証として、二人の重要な関係者の終戦後の議会における証言を示しておきます。

スチムソンは、1946年に上院の委員会で「日本を「最初の発砲者」たらしめるのは危険であったが、誰が侵略者であるかを明らかにし、米国民の完全な支持を得るには望ましかったのです。」と弁明しています。

また、いま一人の前述した会議（238頁参照）の出席者であったマーシャル米陸軍参謀総長は、1946年の上下両院合同調査委員会で、「アメリカ側から先に攻撃すれば、国論は分裂の恐れがあったから、外交手続き上で、日本をして先に手出しをさせる必要があった。それではどういう手を打つべきかについては、ハルが大統領のために準備すべきであると決定された。」と証言しています。

この戦争に関してもう一つ大切なことは、たとえこの戦争の「最初の発砲者」が日本であったとしても、この日本がしかけた戦争は、決して「侵略戦争」ではないということです。

このことについては、日本軍と太平洋の島々で戦った米陸軍の最高司令官であり、戦後の東京軍事裁判開設の責任者であったマッカーサー元帥が、1951年（昭和26年）5月、米国上院外交・軍事合同委員会で、この戦争について次のように証言していることに注目しなければなりません。

「日本人はこういう原料の供給を断たれたら、1，000万から1，200万の失業者が出るのではないかと恐れていた。それ故に、日本が戦争に飛び込んでいった動機は、大部分が安全保障の必要に迫られてのことであった。」

この証言は、この戦争は、日本が他国から仕向けられ、国家と国民の生存と安全を守るため、止むを得ず立ち上がらざるを得なかったものであることを認めているのです。すなわち、日本にとってこの戦争は、「自存自衛」のための止むを得ざるものであったと述べているのです。重く受け止めようではありませんか。

しかし、この証言は当時もそしてその後も、日本のマスコミによって広く報道されておらず、したがって多くの日本国民の間に、それが未だに正しく受け止められないままであることは、誠に残念なことです。

（参考）この戦争に関連した日本側の「ミス」について

まず、最初に、この戦争は相手側から仕掛けられたものという言い分だけで、日本側が完全に免責されるでしょうか。ここでは深入りしません。

ただ、この戦争に関連して、日本側としてははっきり惜しまれるのは、一つは、1940年、日独伊の三国同盟を結んだことです。このことにより、アメリカをはじめ、世界各国から、日本もナチス・ドイツ並みの非人道主義的・侵略国家と見なされることになったのです。

いま一つは、当時、窮地にあったソ連が、生き延びるために各国に派遣していたいわゆるスパイの策謀によってもたらされたこの戦争の開戦に至る状況の進展に、日米共にそれを完全には見抜けず、それぞれうまく利用されたことです。

日本の政界上層部は、中国本土への深入りは避けたいと思いつつ、これらのスパイによって、あちこちで立て続けに発生する事件・事変に歯止めもかけられずに追いまくられ（この間、中国側には米国の援助が続いていたのです。）、心ならずも、4年間にわたる中国本土での宣戦布告のないままの戦いを継続してしまいました。このことは、日・中双方にとって極めて不幸なことであるとともに、米国はじめ世界各国に日本の対外侵略性を強く印象づけることになってしまったのです。

他方、F・ルーズヴェルト大統領が勤務する当時のホワイトハウスにも、ソ連のスパイが多く活動し、日米の開戦をあおっていたことが、明らかになっています。

2 日本は朝鮮の「併合」をなぜ行ったのか
―「独立」志向の生まれなかった朝鮮（韓国）への対応の歴史（注）―

（注）この事項については、可能な限り内容の公正さを期すため、日本人の著作物だけに頼らず、日清戦争前後に朝鮮に長期間（延べ四回）滞在し、国王夫妻とも親交のあったイザベラ・バードの『朝鮮紀行』と、日本併合後の韓国の状況を調査したアレン・アイルランドの『THE NEW KOREA』から、重要な示唆を得、一部引用させていただきました。

我が国は、海をへだててはいますが最も近い隣国の朝鮮とは、1811年以来修好が途絶えていました。そこで1868年、近代国家として出発した我が国は、維新の事情を説明して、修好の回復を申し出たのです。ところが、未だに清国を宗主国と仰いでいた朝鮮は、かたくなな旧套墨守《とうぼくしゅ》と排外主義の立場から、これを拒否し続けてきたのです。そして、漸く明治8年9月に至り、たまたま生じた江華島事件を契機として、具体的な交渉が始まり、明治9年2月、日鮮修好条規（江華島条約）が結ばれ、我が国は、その中で諸外国に先んじて「朝鮮国は自主の邦にして日本と平等の権を保有せり」と、朝鮮の自主独立を明言したのです。(注)

(注) 近代国家としての我が国は、隣国朝鮮に強い関心を持ち、地勢学的にみて朝鮮半島はアジア大陸から「日本列島につきつけられた刃《やいば》」であるとの認識から、我が国の独立のためにも朝鮮がしっかりした「独立国」であってほしいと強く願っていたのです。そのため、我が国は朝鮮の独立と近代化のため、やや執拗ともいえるようなさまざまな接触を続けてきたのです。

（近代化の改革への取組み）

その後、朝鮮では壬午の変（明治15年）、甲申事変（明治17年）と、日本を見ならった改革が行われようとしたのですが、その動きは、いずれも清国からの出兵と一体となった守旧派によってつぶされたのです。

（注）福沢諭吉は、朝鮮の清国からの独立に期待をかけ（明治15年前後）、来日していた希望に燃える若者たちに親身な指導と援助を惜しまなかったのですが、このクーデターが無惨な結末を迎えたことを知って、清国、朝鮮の国状「真に救い難し」と悟ったのです。

そして、欧米の列強に対する「アジアの抵抗」という路線をあきらめ、この「悪友」と手を切り、着実に「独立独歩」することこそ祖国日本の生きる道であることに思い至り、「脱亜論」（明治18年）を「我は心に於いて亜細亜の悪友を謝絶するものなり」と締めくくっています。

なお、我が国は、日清戦争が始まる前、朝鮮国王に朝鮮における最初の近代化のための本格的改革を強く勧め、(注1)それは日清戦争と併行して進められました（甲午改革）が、この改革も朝鮮特有の内紛で、途中で停頓したのです。また、その後、我が国の後押しもあって、国王は、明治28年1月、洪範14条を宣言し、それには、「清国依存の念を断ち、自主独立の基礎を確立する」と明記され、我が国の明治維新の諸施策を彷彿とさせる改革宣言だったのですが、再び新派（開化派）と旧派の争いから、これも廃棄されてしまったのです（注2）（明治28年2月）。

（注1）この頃、日本が提案した改革等は、日本が朝鮮を隷属させる意図はなく、朝鮮の自立の保証人としての役割を果たそうとするもので、総じて進歩と正義を目指しており、真摯なものであると評価されていたのです（『朝鮮紀行』）。

（注2）この頃の朝鮮国には、官僚主義の悪弊がはびこり、日本が提案する「改革」が実現すると、「搾取」や「不正」ができなくなることから、官僚の全員が私利・私欲で結ばれ、一致して改革に反対していたのです（『朝鮮紀行』）。

（独立とその後の状況）

この甲午の改革と併行して進展した日清戦争は、清国が「属邦保護」を唱導したのに対し、我が国は「朝鮮国が清国の属邦たるを承認せず」と反論し、争いとなったのです。日清戦争は我が国が圧勝し、下関条約（明治28年4月）が調印され、その条約には「清国は朝鮮国が完全無欠の独立自主の国であることを承認する」と明記されていました。

その直後のロシア等から我が国に対する「三国干渉」等を経て、(注1)ロシアは大軍をもって満州全土を占領し、朝鮮半島への進出をうかがっていました。そこで我が国は、「韓国の保全を維持し、極東永遠の平和を維持する」ため、ロシアとの戦争に踏み切りました(注2)（明治37年2月）。

（注1）この後、朝鮮国王はロシア公使館に移っていた（露館播遷《はせん》）明治30年9月、自らの称号を「皇帝」、国号を「大韓帝国」と改め、形だけは独立国の体裁を整えたのです。

（注2）日露戦争の開始前、当時の韓国の首相は、国の改革と独立の必要性について尋ねら

れたのに対し、「我々の独立は欧米諸国によって保障されている」「我々はアメリカと約束ができている。アメリカは、いかなる事態が発生しても、我々の友人である」と固執し、全く関心を示さなかったという記録が残されています。

（保護下へ）

ところが、韓国は、我が国が直後の戦いで優勢なのを見て、俄かに態度を親日に一変させ、「日韓議定書」（明治37年2月）を結び、政府に財務顧問（日本人）、外交顧問（日本が推薦する外国人）を置くなど、明確に保護下への一歩を踏み出しました。

なお、戦争は日本が勝利し、ポーツマス条約（明治38年9月）が結ばれ、ここに満韓におけるロシアの侵略意図を防止し、我が国自身の独立と安全を守り抜くこともできたのです。（注1）（注2）

（注1）この戦争の講和の斡旋の労をとったアメリカ大統領セオドア・ルーズヴェルトは、ポーツマス会議を終えた日本の小村寿太郎外相に「将来の禍根を絶滅させるには保護化あるの

み、それが韓国の安寧と東洋平和のために最良の策なるべし」と言い切っていたのです。

当時の英外相もまた「韓国は日本に近きこと、そして、一人で立ちゆく能力なきが故に、日本の監理と保護の下に入らねばならぬ」と語っていたのです。

（注2）なお、イザベラ・バードはこれより数年前、すでに「朝鮮が独り立ちするのは無理で、……（イギリスはじめ、ヨーロッパの強国がこの地域の問題に無関心であるため）……日本とロシアのいずれかの保護国下に置かれなければならない」と述べていました（『朝鮮紀行』）。

なお、この条約には、「露国は、日本が韓国で政治、軍事、経済上の卓絶した利益を有し、かつ、必要な指導、保護、監理を行う権利を承認す」ると記載されていました。日本は、ここで韓国の「独立」とともに、日本の韓国におけるさまざまな権益をロシア（をはじめ欧米諸国）よりも「卓絶した」ものとして有することを、世界に宣言したのです。(注)

（注）その背景としては、一つには、日清戦争後（この頃からほぼ10年前）、人口が急増し始めた（3，000万人程度であった人口が、30年後の大正の末頃には6，000万人となり、これは年平均100万人程度の増加となる）ことにより、国内だけではこの事態に対処しきれなかったこと、いま一つは、1900年頃からアメリカへの日本人移民がしだいに困難となっていたことなどのため、アジアとの交流の活発化と権益の確保に向けて大きく舵を切り換える必要があったのです。

（保護国へ）

日露戦争前後のさまざまな経緯と状況の中で、「韓国保護条約」(注)（明治38年11月）が調印され、日本はまだ独り立ちできない韓国のため、特命全権大使に代え「統監府」を設置して朝鮮の外交権を掌握し、朝鮮政府に対して我が国が一段と強い影響力を行使することになったのです。

（注）この条約の「序文」には、次のような重要な定めがあったのです。
「韓国の富強の実を認むる時に至るまで、此目的を以て左の条款《かん》を約定せり（以下の条

項は、韓国が国力を獲得したと認められるまで、効果を発揮するものである。）（『THE NEW KOREA』）

すなわち、この条約は、韓国がいわゆる一人立ちできる（日本からの保護がいらなくなる）まで効力を有するとされており、この時点では、日本は韓国を「併合」しようとは決して考えていなかったことが明らかなのです。

ところが、明治40年7月、韓国の皇帝（注）は、日本とのそれまでの取り決めを一方的に破って、この保護条約を無効とするための国際的な策謀を図って失敗するという事件を起こしました（ハーグ密使事件）。その上、その後も暴徒の発生が絶えないさ中の明治41年（1908年）、アメリカでアメリカ人の元韓国外交顧問が、翌明治42年（1909年）、ハルピン駅で伊藤博文が、いずれも韓国人によって暗殺されるという事件が立て続けに生じたのです。

こうして、事態は、皇帝をはじめ、韓国側の姿勢が一向に改善されず、先の保護条約の「序文」の趣旨を活かせなかったことであり、誠に残念なことでした。

（注）朝鮮国王（韓国皇帝）は、善意の人ではあるが、優柔不断であり、絶対的な存在であるのに統治の観念がなかったのです（『朝鮮紀行』）。

（併合へ）

こうした政情の極めて不安定な状況が続く中、我が国では、保護国体制のままでは韓国のためにも、日本のためにも最善ではないとし、対外的には、現実に迫っているロシアからの介入を防ぎ、対内的には、治安と秩序を安定させ、韓国の近代化促進のための改革・改善を着実に進めるためには、韓国の「併合」もやむを得ないとの議論が俄かに高まり始めたのです。また、革新的立場をとる韓国の人たちからも、皇帝と統監府に「併合」の嘆願書が提出されるという事態が生じていました。

このような状況を踏まえて、明治43年8月、日本は韓国との間で、外交的手続きを慎重に踏んで両者の合意である「条約」という形をとって韓国を「併合」(注)（併合条約の調印は明治43年8月22日、実行は同年8月29日）し、朝鮮全土の統治権が完全かつ恒久的に日本に譲渡され、「朝鮮総督府」が設立された（以後、「韓国」を改めて「朝鮮」と称することになった。）のです。こうして、日本は朝鮮の行政に、全権と全責任を担うことになったのです。

そして500年余りに及んだ李氏朝鮮（1392〜1910年）は、歴史の幕を閉じた（韓国の皇族には、相当の待遇が行われた。）のです。

（注）かつてGHQ（占領軍）のメンバーであったヘレン・ミアーズは、「日本が韓国を併合したのは、新皇帝（純宗）が懇願したからだった。日本は一つひとつ外交的に正しく積み上げていった。そして宣言ではなく条約で最終的な併合を達成した。列強の帝国建設はほとんどの場合、日本の韓国併合ほど合法的な手続きを踏んでいなかった。」（『アメリカの鏡・日本』）と指摘しています。

ただし、とりわけ日本の敗戦後は、朝鮮・韓国の多くの人々にとって「併合」の問題は、合法かどうかではなく、もっぱら国民感情の問題となったのです。

（まとめ）

以上見てきたように、朝鮮・韓国の「独立」の必要性を説き続けてきた我が国が、自ら韓国を「併合」せざるを得なくなったことは、歴史の皮肉と言うよりほかありません。我が国としては、朝鮮・韓国の独立のため「進歩と正義を目指して真摯」に努力を続けてきた（この点は、イザベラ・バードとアレン・アイルランドが共に強調しています。）のですが、力足らず（その根本は、朝鮮の人々を信じ、当時の朝鮮・韓国の国王や官僚の意識の非近代性の根深さと、独立への無理解さを、十分につかみきれていなかったことにあると思われます。）して、こういう誠に残念な結末を迎えたのです。

こうして、日本による併合は、古《いにしえ》から、朝鮮は常に、中国の優れた文化を日本に伝える上位の国であると信じてきた朝鮮・韓国の人々にとっては、「痛恨の悲劇」そして「最大の屈辱」として心の奥深くに刻み込まれることになったのです。

この点については、最近、「韓国人にとって日本に対する最大の「恨み（ハン）」は、過去、日本に支配され、いじめられたことではない」としつつ、「日本と戦って自力で解放・独立を勝ち取れなかったこと……対日感情の根底には、今さらどうすることもできないこの歴史上の恨みと欲求不満がある」と指摘された一文を目にしました。

このように、現在の韓国人の日本に対する「恨み（ハン）」の原点となっているものは、激しく、深い「怒り」、「悔しさ」、「嘆き」であり、しかもこれらが「国民感情」として深く伏在し、伝承されていることから、韓国の人々からこの状況が払拭されるには、幾世紀（注）もの長い時を必要とするか、あるいは永久に困難ではないかとさえ思われます。

（注）例えば、明治30年前後（19世紀末頃）の朝鮮人を観察していたイザベラ・バードは、「3世紀（16世紀末～19世紀末、筆者注）にわたる豊臣秀吉の朝鮮出兵以来の憎悪をいだいている朝鮮人は日本人が大嫌いで……」と述べているのです。

また、韓国人は、日本は道義的に遅れた国であると考えているため、謝罪しても誠意あるものではないとして、いつまでも、謝罪を要求してくるのです。

日本（一国で世界八大文明の一つ（178頁参照））にとって、隣国であっても、韓国の人々は、日本とは異質の文明国（価値観の異なる国）の人間であることを理解し、彼らの日本（人）に対する姿勢・行動の一つ一つに感情的に一喜一憂するのではなく、理性的に、しかも長い目で向き合い、交際を続けることが大切ではないでしょうか。

（関連）

外国を「併合」することへの「国際法規」の対処の仕方の変遷について（注）

―日本の韓国併合に合わせての歴史的考察―

（注）このテーマについて正しく知ることは、朝鮮・韓国との関係で、日本人の「国を愛する心・態度」の持ち方に、大切な影響を与えると考えています。

1．日本の韓国併合は、当時の国際法規上は、決して「違法」ではなかったのです。その理由は、日韓併合条約が締結された1910年頃には、当時の主要先進諸国はそれぞれ植民地を持っており、したがって、その当時、新しくある国が他国を「併合」しても、それを「違法」とする国家間の共通の合意すなわち「国際法規」（注1）はまだ存在していなかったからです。（注2）

（注1）人間の行為を裁く「法」を超えた「道義」「道徳」上の問題は別のことです。

（注2）なお、我が国は併合に際し、当時の国際法規が禁じているような「強制」も行っていません。このことについては、当時、我が国が意見を求めた外国政府は、何の異議・疑問も持たなかったのです。

2. しかも、日本は韓国を併合しても、当時の欧米諸国と同様の植民地政策（圧政と搾取・収奪）を行ってはいなかったのです。（注）

このことを裏づけるように、アレン・アイルランドは、併合後の日本の統治について触れ、「今日の朝鮮は李王朝時代と比べものにならないくらい良く統治されており、また、他の多くの独立国と比較してもその統治は優れている。」と指摘しています。

（注）日本の韓国（朝鮮）併合後の立場をこのように理解しますと、後の大東亜戦争・太平洋戦争において、日本がこの戦争の目的として「欧米諸国の圧政と搾取の重圧にあえぐ東亜諸民族を白人の手から開放する」（177頁参照）という植民地解放を掲げたとしても、その立場に必ずしも矛盾はないことが理解できるのです。

3．欧米諸国（いわゆる白人の国々）が白人以外の人々の国を、数百年にわたって当然のごとく植民地としてきた状況を、国際的に「違法」とするきっかけをつくり出したのは、前述したように、実は、我が国なのです。

すなわち、世界のいく人かの識者が認めているように、先の大東亜戦争・太平洋戦争において、日本が前述した「東亜の解放」を宣言して戦った（そして、植民地化されたいくつかの国で実際に白人を降伏させた）ことが、世界の列強そして多くの人々が、現実に植民地の解放に目を向けざるを得ない状況をつくり出したのです。そして、現に、この大戦終了後、アジア、アフリカ諸国は、次々と植民地化を脱し、独立国となっています（詳しくは、172～177頁参照）。

4．ところが、国際的に、一体、いつから新たに植民地を持つことが正式に違法となったのかは必ずしも明確ではありません。(注)

しいて考えてみますと、第二次世界大戦後の1960年に、アフリカ植民地の解放宣言が出され、そしてその5年後の1965年に、「人種差別撤廃条約」が国連で成立したとき以降と考えるのが妥当ではないでしょうか（169頁、175頁）。

（注）日本は、「日韓併合条約」（1910年）は有効に成立していたが、韓国が独立（1948年）したことにより、それ以降は「もはや無効」となったと解釈（「日韓基本条約」（1965年）第2条）しています。

（参考）

日・朝間の反目をあおり、深めた在韓米軍の愚かな占領施策

朝鮮における日本軍の武装解除と治安維持のため、マッカーサー連合国軍最高司令官の命により、ホッジ中将（日本併合下の朝鮮の実状を全く知らない）の率いる米軍が朝鮮に着任した際（1945年9月8日）、中将は「日本人は朝鮮人を30数年にわたって搾取してきた。我々はその搾取された朝鮮人を解放するためにやって来た」旨の談話を発表し、朝鮮の人々を安堵させ、大いに力づけたのです。

しかし、このような言葉を受けても、終戦後しばらくの間は、朝鮮の人々が憎しみから日本人を襲撃するなどの事態は全くといってよいほど生じていなかったのです。このように、36年間にわたる日本総督府の施策に朝鮮の人々が予想外に好意的なのを見て、米軍当局は大いに困惑しながらも、日本による施策をあくまでも白人による植民地支配

と同様に見なして、搾取され、奴隷状態にあった朝鮮人を、日本人から解放するという立場を変えず、先頭に立って日本人に対する集団的憎悪をそそのかし始めたのです。

このことは、かねてより日本による併合を朝鮮にとって最大の屈辱と考えていた朝鮮のとりわけ保守的立場の人々にとっては、日本（人）に対していわば歴史的な「仕返し」をするための確かな手がかりを得ることになったのです。

そこで、全権力を失った元両班《りゃんばん》や体制派の歴史学者等は、例えば朝鮮の独立に関して、日本による併合前の行為については全く評価せず、「日本の貢献など全くなかった。むしろ、我が民族が自力で近代化できたのに、日本はそれを領土的野心から、徹底的に妨害した。」など、本文で述べたような歴史の事実を全く無視した自国中心の「歴史認識」をつくり上げ、国民への周知を進めていったのです。そして、「日本こそ歴史を捏造し、歪曲している」との主張が、その後の慰安婦問題等を含めて次世代そして現在の若い人たちにまで引き継がれていることは、誠に残念なことです。

参考にさせていただいた出版物等

この本は、文部省勤務中から準備していた資料を中心に、私のこれまでの読書生活の中で、「日本」とはどういう国だろうかと私なりに探し求めてきたものを、いくつかのテーマごとに手短かにまとめたものとなっています。

参考にさせていただいた各著作者の皆様方のご労作に心から敬意を表しますとともに、さまざまなヒントをいただきましたことに、あらためて厚く御礼申し上げます。

とりわけ、序論については市川昭午氏の、付記については中村粲《あきら》氏の著作物をしっかり読ませていただき、参考とさせていただきました。心より感謝申し上げます。

著者略歴

逸見 博昌（へんみ・ひろまさ）

昭和7年京都市生まれ。東京大学法学部卒業後、昭和37年文部省入省。文部大臣秘書官、初等中等教育局地方課長、財務課長、大臣官房総務課長、文化庁文化部長、大臣官房審議官（初中局担当）、高等教育局私学部長等を経て体育局長。平成4年文部省退職。
文部省退職後、日本体育学校健康センター理事長、世界陸上大阪大会事務総長等として勤務。並行して平成4年から学校法人目白学園理事（非常勤）、理事長（常勤）として平成26年まで勤務。

もっと知ろう！
国を愛するこころを育む
歴史と文化

令和元年5月1日　　初版第一刷発行
令和元年7月1日　　第二版第一刷発行

著　者　　逸見 博昌
発行人　　佐藤 裕介
編集人　　遠藤 由子
制　作　　原田 昇二
発行所　　株式会社 悠光堂
〒104-0045 東京都中央区築地6-4-5
シティスクエア築地1103
電話：03-6264-0523　FAX：03-6264-0524
http://youkoodoo.co.jp/
デザイン　　株式会社 シーフォース
印刷・製本　　株式会社 シナノパブリッシングプレス

ISBN978-4-909348-23-4　C3036

こんな教師になってほしい

―戦後の歴史から学んでほしいもの―

逸見 博昌・著

かつて、日教組と真剣に向き合ってきた文部省元幹部が、当時の論争点を整理し、今こそ、同じ教育に携わる仲間であるすべての先生方に、

「子供たちにこんな教育を！」

との熱い思いを語りかけます。

教師のあなたには、是非読んでほしい一冊。

Ａ５判・４８８頁・２，０００円＋税

株式会社 悠光堂 〒104-0045 東京都中央区築地 6-4-5 シティスクエア築地 1103
Tel：03-6264-0523 Fax：03-6264-0524 info01@youkoodoo.co.jp